EUGÈNE MOUTON

(MÉRINOS)

Zoologie Morale

PARIS
G. CHARPENTIER, ÉDITEUR
13, RUE DE GRENELLE, 13
MDCCCLXXXI

ZOOLOGIE MORALE

Ce livre a été imprimé à la presse à bras. Il en a été tiré 50 exemplaires sur papier vergé de la fabrique de MM. Morel, Bercioux et Masure.

OUVRAGES DU MÊME AUTEUR :

Les lois pénales de la France, en toutes matières et devant toutes les juridictions, exposées dans leur ordre naturel, avec leurs motifs, 2 vol. grand in-8°, de 1,655 pages. — Paris, Cosse et Marchal, 1868.

Nouvelles et fantaisies humoristiques *(première série)*, 1 vol. in-12 carré. Paris, Librairie générale, 1872. *(Épuisé)*.

Nouvelles et fantaisies humoristiques *(deuxième série)*, 1 vol. même format, même éditeur, 1876. *(Épuisé)*.

Ces deux derniers ouvrages, augmentés de seize pièces inédites, vont être réédités dans la Bibliothèque Charpentier, en trois volumes dont chacun sera d'un genre séparé, sous les titres de : Contes ; Nouvelles ; Fantaisies. *Le premier volume est sous presse, les deux autres suivront sans interruption.*

La bibliothèque de l'école des beaux-arts, étude bibliographique et artistique sur cette bibliothèque. Paris, Joseph Baer et Cie, 1875.

Voyages et aventures du capitaine Marius Cougourdan, 1 vol. in-12 carré, avec portrait *par l'auteur*. Paris, Dentu, 1879. *(Épuisé)*.

Zoologie morale *(deuxième série)*, 1 vol. même format. *Sous presse.*

EUGÈNE MOUTON

(MÉRINOS)

Zoologie Morale

PARIS
G. CHARPENTIER, ÉDITEUR
13, RUE DE GRENELLE, 13
MDCCCLXXXI

PRÉFACE

Ami lecteur,

Je voudrais te faire faire connaissance avec des amis à moi, des êtres adorables : pleins de cœur, d'esprit et de raison ; discrets ; point bavards ; ne discutant jamais ; ignorant la politique ; ne lisant pas ; n'écrivant pas ; ne faisant pas de révolutions.... Inutile d'aller plus loin, n'est-ce pas, et tu as déjà compris qu'il s'agit, non des hommes, mais des bêtes ?

Ces pauvres bêtes ! qu'elles soient belles ou laides, utiles ou dangereuses, elles ont toujours tort : on les tue pour leur beauté, on les tue pour leur laideur. Quand on n'a de raison ni pour les tuer ni pour les laisser vivre tranquilles, on les met en prison, et tout le monde se réjouit de les y voir. On les tourmente, on les force à faire des tours qui les ennuient, on les dissèque toutes vivantes, on les empaille enfin, et c'est, vous en conviendrez, un des plus grands malheurs qui puissent arriver à un être vivant. Malgré tout cela elles ne se lassent pas de nous rendre tous les services imaginables : elles nous portent, nous traînent, nous habillent, nous embellissent, nous nourrissent, nous allaitent quand nous sommes petits, nous font rire, nous retirent de l'eau, et tout cela moyennant la nourriture et le logement : je ne compte pas les coups.

Et ces services matériels ne sont rien au prix des bienfaits philosophiques et littéraires dont l'homme leur est redevable. Si nous savons fuir le vice et rechercher la vertu, à quoi le devons-nous, si ce n'est à cette morale en action qu'on nous enseigne lorsque nous sommes enfants et qui, sous le nom de fables, n'est que l'histoire des beaux traits de l'intelligence, du caractère et des vertus des animaux?

Qu'on n'essaye pas de m'objecter que tous ces traits ne sont pas arrivés : l'objection serait misérable et puérile, l'histoire des hommes étant dans le même cas : la plupart des événements qu'on nous raconte sont inventés à plaisir ou pour le moins très dénaturés, ce qui n'empêche pas qu'on n'en tire des leçons tout à fait salutaires pour la jeunesse. Si donc l'histoire est utile parce qu'on y arrange les événements en vue de confirmer les préceptes de la morale ou de la politique, combien les fables, où tout est inventé et où rien ne gêne les bonnes intentions, sont-elles plus utiles à l'homme!

Donc, à moins d'être des ingrats, nous devons nous souvenir qu'après nos parents ce sont les animaux qui nous ont élevés, et que nous ne leur sommes pas moins redevables de notre raison et de notre sagesse que du paletot qui couvre notre sein en protégeant notre santé, ou du beefsteak qui alimente notre vigueur.

J'ai toujours été frappé d'une chose : tandis que les animaux, non contents de nous avoir donné une éducation morale et l'exemple de toutes les vertus, nous suivent dans tout le cours de notre existence, et même au delà, pour nous combler de bienfaits, — puisque le drap mortuaire qui couvrira notre cercueil est encore tissé de leur laine — les hommes ne cessent pas de défaire tout ce que les animaux ont fait pour nous. Ils ont inventé la politique, la littérature, la statistique, la photographie, l'épicerie, le suffrage universel, toutes sciences et institutions malsaines dont le but hautement avoué est de faire progresser l'humanité, c'est-à-dire de l'éloigner de plus en plus de la nature.

J'ai été ainsi amené à reconnaître que la cause fondamentale des malheurs de l'humanité gît dans l'oubli coupable que nous faisons de la seule philosophie qui ait le sens commun, la philosophie naturelle. Or, cette philosophie naturelle, ce sont les animaux qui en sont les interprètes : Dieu les a placés autour de nous pour nous l'enseigner par leurs exemples, pour nous la prêcher par leurs cris : le rossignol la module, la colombe la roucoule, le singe la grimace, le chien la jappe, le chat la miaule, et tandis que le moineau franc la pépie sur les toits de Paris, le lion de Mysore et le tigre du Bengale la rugissent dans les ravins et les jungles au bénéfice du peuple hindou.

Ces leçons, il faut en convenir, sont parfois sévères (justement je pense aux tigres du Bengale), mais elles sont toujours précises, nettes, justes, et surtout adorablement naïves. L'animal n'a pas de détours, pas d'afféteries de langage ; ce qu'il dit est vrai puisqu'il ne peut pas mentir, ne parlant pas. Dégagé de tout esprit de système ou de parti, il manifeste ses idées dans la pure innocence de sa simplicité. Ses mouvements et ses attitudes sont en accord sincère avec ses sentiments intérieurs et avec la forme extérieure de son corps : l'animal est donc en tout la vérité même, mais la vérité pleine de vie, d'imprévu et de pittoresque.

Voilà pourquoi la fréquentation des animaux est si féconde en jouissances pour le cœur et pour l'esprit ; voilà pourquoi lorsqu'on les quitte on se sent meilleur et plus sage, et voilà pourquoi j'ai entrepris de te faire faire connaissance avec mes amis du Jardin des Plantes et du Jardin d'acclimatation.

Je comptais m'en tenir là, et la gloire d'avoir découvert une philosophie propre à renouveler la face du monde intellectuel et moral allait suffire à ma modestie, lorsque, procédant à ce travail de nomenclature qui est le point de départ de toute science sérieuse, je vis défiler parmi mes bêtes un certain nombre d'animaux qui, bien que purement imaginaires, n'en jouent pas moins dans notre vie un rôle considérable.

Un sphinx, une bête noire, un dada, Rossinante, Pégase, sans parler des serpents de l'Envie ou du vautour de Prométhée, sont bêtes aussi influentes en ce bas monde que n'importe quel animal réel : souvent même elles ont plus d'esprit, témoin Pégase. Et la raison en est facile à comprendre : ces animaux-là manquaient, et l'âme des hommes, qui ne pouvait s'en passer, se les est faits. Ainsi est née toute une faune idéale, celle des animaux psychologiques, d'où résulte dans la création une coupe inattendue, inespérée, oserai-je dire, car elle double le monde de la vie pour en donner la moitié au spiritualisme.

Tu trouveras donc dans ce traité la description et l'histoire de plusieurs des animaux tenus jusqu'ici pour fabuleux ; tu ne les y trouveras pas tous, car enfin il faut bien laisser quelque chose à faire à mes disciples et à la postérité : mais il n'en reste pas moins que j'aurai eu le premier la hardiesse de les cataloguer et l'honneur de leur donner l'existence philosophique.

Oseras-tu t'en étonner ? J'ai peine à le croire quand je vois le crédit où sont les fables, et l'attention religieuse que prêtent les hommes les plus graves aux discours des animaux littéraires d'Ésope ou de La Fontaine. Ces animaux-là sont encore plus imaginaires, s'il est possible, que les miens, et pourtant personne n'a jamais songé à leur contester le droit de parler, et en vers, encore, quoiqu'ils soient en réalité non moins illettrés que muets, et que la plupart du temps les traits qu'on leur attribue n'aient aucun rapport avec leur véritable caractère. On les écoute pourquoi ? Parce qu'au fond ce sont des hommes ; mieux que cela : des idées.

Des considérations dérivées de celles-là m'ont amené à comprendre dans le domaine de la zoologie morale l'étude des phénomènes intellectuels, économiques, politiques et même administratifs, produits par l'effet des relations qui unissent l'homme aux animaux.

J'ai cru pouvoir aller plus loin, et j'ai pensé que je serais peut-être agréable à mes lecteurs et utile à l'humanité en leur faisant connaître, entre autres vérités transcendantes, l'excellence de l'amour et de la dinde truffée, le rôle de l'imitation dans l'humanité, les vertus et les grâces du crapaud, l'agrément et l'utilité des mouches, et enfin le secret du bonheur.

J'aime à croire que ces modestes services, rendus de tout cœur, je t'assure, ne te laisseront point ingrat, et il ne me reste plus qu'à remettre mes bêtes entre tes mains, en te priant de les bien soigner et de leur faire de temps en temps une petite caresse, AMI LECTEUR.

ZOOLOGIE MORALE

LE BARBET

Si l'ange du dévouement et de l'humanité venait quelque jour à se dire que l'hypocrisie et la vanité humaines ont besoin d'une leçon ; qu'il est temps d'amollir la dureté de ces cœurs de marbre ; qu'il faut frapper un grand coup en donnant aux peuples un de ces spectacles devant lesquels les rochers eux-mêmes se fendraient pour pleurer, il s'incarnerait à coup sûr dans le corps d'une de ces saintes bêtes qui, mouillées, crottées, esclaves, à peine nourries, offrent à l'admiration des hommes l'exemple du renoncement le plus touchant et le plus sublime.

Ce n'est ni par la beauté, ni par l'adresse, ni par la force, ni par l'originalité, que le barbet moralise l'homme : il est laid, mal tourné, ébouriffé, sans distinction ; il ne sait ni malices ni gentillesses ; il ne sait ni manger autrui ni se faire manger ; sa peau n'est bonne à rien, sa chair n'est pas bonne du tout. Il semble que la Providence se soit étudiée à le priver systématiquement de tout ornement agréable afin de laisser dans tout son éclat le chien intérieur, à moins qu'elle n'ait voulu mettre le comble à ses bienfaits en lui donnant l'humilité comme signe visible de la parfaite vertu.

Quoi qu'il en soit le barbet, en zoologie morale, est le type d'une classe à part, celle des animaux angéliques, c'est-à-dire des animaux qui font pleurer.

Animaux philosophiques qui font penser, animaux angéliques qui font pleurer : voilà les deux premières divisions de notre nouveau système de zoologie morale.

Nous nous flattons que le monde savant, et surtout celui qui ne l'est pas, accueilleront avec sympathie la théorie nouvelle sur laquelle nous avons fondé notre classification.

Toutes les classifications ont été jusqu'ici frappées d'un vice irrémédiable : c'est qu'elles ont voulu chercher dans l'animal observé ses caractères spécifiques. Or, comme nous ne connaissons les choses que par l'impression qu'elles nous font, ce n'est pas dans l'animal qu'il fallait chercher mais dans nous-mêmes. Qu'est-ce que ces descriptions anatomiques, ces mesures, ces analyses, ces expériences, nous apprennent sur le véritable caractère d'un animal, sur ce trait saillant et original qui fait de lui un être à part? Rien. Une fois disséqués tous les animaux se ressemblent : il faut n'avoir jamais mangé une gibelotte pour ignorer combien l'homme peut être aisément trompé là-dessus. Au contraire prenez pour caractère déterminant l'impression qu'un animal fait sur l'intelligence ou sur le sentiment de l'homme, et à l'instant plus de doute : un enfant de cinq ans est sur ce point aussi fort en histoire naturelle que Cuvier ou que Linné.

Et en somme, d'ailleurs, pour ce que nous faisons des animaux, la chose qui nous intéresse avant tout en eux, c'est ce qui nous en saute aux yeux. Et quoi après ? Les relations que nous avons avec lui, le profit que nous en pouvons tirer, les inconvénients, les dangers, que nous en pouvons craindre : tout le reste est un luxe purement scientifique. Mon système est donc le seul qui soit sérieux et utile, et j'y persiste.

Allez, allez, n'écoutez pas les savants, venez plutôt avec moi, et vous verrez quelles choses adorables je vous ferai découvrir dans ces animaux que la science, sous prétexte de les faire connaître et de les étudier, nous défigure et nous rend méconnaissables !

Les sujets, hélas ! ne nous manqueront pas pour l'étude du barbet : il est difficile de sortir une heure dans Paris sans passer une ou plusieurs fois devant un aveugle assis ou agenouillé sous une porte cochère avec son chien, et ce chien est toujours un barbet. Mais aujourd'hui je n'ai pas même besoin de sortir de chez moi pour me livrer à mes études de zoologie morale, car de ma fenêtre je puis observer à mon aise un aveugle qui vient s'établir sous la porte cochère de la maison d'en face.

Le pauvre homme s'est arrêté, et il délibère.

Je vous dirai que j'ai aussi ma théorie sur la délibération des malheureux. Certes je suis toujours touché quand je vois passer près de moi un homme dont l'aspect trahit la misère : mais s'il marche d'un pas délibéré je suis moins inquiet de lui : je me dis que pour le moment sa vie a un cours, qu'il va quelque part où, si rien ne l'attend, l'espérance du moins l'attire ; or, espérer quand on est misérable, c'est déjà oublier le mal présent et jouir de l'illusion du bonheur; d'ailleurs c'est gagner du temps. Mais si le malheureux est arrêté, le dos courbé, les bras pendants, le menton en avant ; s'il tourne et retourne la tête de tous côtés comme ne sachant plus où aller ni à quoi se résoudre, ah ! je ne peux pas voir cela, et mon cœur se fend, parce que là je vois la misère dans toute l'horreur de son évidence.

L'aveugle connaît la porte ; apparemment il ne s'était arrêté que pour s'orienter, et le voilà qui entre, dépose sa serinette, étend un tapis à terre, tandis que le chien grimpe sur la serinette et s'asseoit sur son derrière, ce qui, comme vous savez, est la manière de s'agenouiller des chiens.

L'aveugle est moitié assis moitié accroupi, comme la « Joueuse d'Osselets ». Il se penche de côté vers son chien, lui passe les bras autour du cou, et semble lui faire à voix basse des confidences à la fois douces et tristes. Il le caresse, il lui arrange son pauvre vieux poil sale, il lui prend la patte et tape doucement dessus.

Que de choses touchantes on entendrait si ces deux âmes qui se parlent avaient une voix ! Sans doute l'aveugle, dans ce langage muet, parle à son chien de leurs petites affaires communes : il lui demande s'il n'a pas froid, s'il est fatigué, s'il veut rester là... Des choses insignifiantes pour vous et pour moi, mais qui les intéressent parce qu'elles sont pauvres et humbles comme leur condition.

Le barbet écoute tout cela d'un air rêveur ; il concentre toutes les forces de son intelligence dans ses yeux pour tâcher de comprendre ces idées sublimes ; il en entrevoit vaguement quelques traits, quelques rayons qui l'éblouissent ; mais il sent battre le cœur de son maître contre le sien, et il est heureux. Cependant le sentiment du devoir parle en lui : tout en recevant les caresses de son maître, il se tire doucement de ses bras et reprend sa position de suppliant.

Cet aveugle est évidemment un excellent homme : il est, à ma connaissance, le seul qui ait eu le cœur assez ingénieux pour penser à rendre à la gueule de son chien la sébile légère.

Avant que les « immortels principes de 89 » eussent régénéré le monde, les aveugles faisaient porter à leurs chiens la sébile, en ce temps-là aussi classique que la clarinette. Depuis, grâce au progrès de la démocratie et de la fabrication du fer-blanc, le gobelet ou la tasse ont remplacé la sébile primitive : mais c'est lourd, dur et surtout bruyant. Mon aveugle, lui, qui est évidemment philosophe autant que cynophile, a inventé la sébile en paille tressée : c'est comme un de ces couffins qui remplacent dans le midi les cabas de nos portières ; cela ne pèse rien, de sorte que le chien garde la liberté de la gueule, qui n'est pas moins précieuse pour un chien que la liberté de la presse pour un chrétien. Mais cette sébile de paille a un autre avantage encore, celui-là tout à fait supérieur, c'est qu'elle rend la charité discrète : elle supprime le toc-toc fastueux que le gros sou faisait en tombant dans le fer-blanc, et permet aux âmes modestes de faire la charité sans bruit. Mon aveugle a donc inventé une spécialité qui, dans l'ordre des vertus, fait pendant à ce qu'est la « Célèbre Silencieuse Expéditive » dans l'ordre des machines à coudre.

Je dois cependant avouer que quelque chose m'inquiétait là-dedans : je me demandais comment l'aveugle pourrait savoir lorsqu'un sou tomberait dans le petit cabas, puisqu'il n'y pourrait produire aucun bruit ? Mais il avait apparemment l'ouïe très fine, car chaque fois qu'on donnait un sou il le prenait à l'instant sans jamais le manquer.

Je continuais à les regarder, et j'allais m'attendrissant de plus en plus. Ce chien était adorable : chaque fois qu'une personne passait, il la suivait du regard et tournait son museau vers elle avec tant d'expression et de douceur, que la plupart ne pouvaient pas résister, s'arrêtaient et donnaient.

Où il était charmant, c'est quand arrivait un chien.

Malgré lui il enviait la liberté de son camarade, et il le regardait. Parfois l'autre venait le regarder aussi, lui faisait de petites agaceries et frétillait de la queue comme pour l'inviter à venir faire un tour de promenade ou une partie de barres. Alors le barbet lui expliquait si bien que ce n'était pas possible, qu'il avait affaire !

Moi je pleurais comme un veau. Dire que voilà une bête qui, tous les jours, sans se plaindre, sans résister, oubliant ses instincts les plus impérieux, renonce au plaisir, à la liberté, au mouvement, à l'amour même, hélas ! pour demeurer immobile auprès de son maître, et qui adore ce maître, et qui ne pourrait vivre sans lui, et qui ne se doute pas même de l'héroïsme de son dévouement ! Si ce chien avait des souliers, qui donc, parmi les personnes qui passent depuis une heure devant lui, serait digne de dénouer les cordons de ces souliers-là ?

J'étais là depuis longtemps, contemplant ce tableau et ne pouvant m'y arracher, lorsque je réfléchis que si je restais encore l'aveugle finirait par s'en aller sans que j'eusse le temps de lui donner. Je m'habillai donc et je descendis.

Au moment où j'allais traverser la rue, un incident auquel j'étais loin de m'attendre vint bouleverser tous mes sentiments et donner à mes idées le cours le plus inattendu.

Une voiture sortait du fond de la porte cochère où se tenait l'aveugle. Celui-ci, avant qu'elle fût encore visible pour moi, s'était retourné, avait lestement ramassé son tapis et sa serinette et s'était garé sur le trottoir. Au moment où la voiture sortait, il leva la tête vers la portière et salua quelqu'un qui était dans la voiture. Cela me parut merveilleux, mais enfin pouvait s'expliquer par la finesse de l'ouïe ou de l'odorat. Je m'approchai, je tirai de ma poche une pièce de dix sous que je mis dans la sébile de paille et un morceau de sucre que je donnai au chien.

L'aveugle se baissa, prit la pièce de dix sous et la fourra vivement dans sa poche ; après quoi, caressant tendrement son chien, qui croquait le morceau de sucre, il tourna les yeux vers moi en me disant :

— Que vous êtes bon, monsieur, de songer au chien comme au maître !

— Mais, répondis-je tout interdit, comment le savez-vous ?

— Vous donnez du sucre à mon chien.

— Comment le savez-vous ?

— Comment je le sais ? Mais dame, c'est facile à voir.

— A voir ! vous n'êtes donc pas aveugle ?

— Est-ce que je vous ai dit que j'étais aveugle ?

— Mais vous avez un barbet et une serinette ! C'est abominable ! c'est une véritable escroquerie ! etc. ! etc. !

Il me regarda un moment, me laissant déblatérer d'un air patient et, je dois le dire, supérieur. Lorsqu'il me vit un peu calmé, il me mit la main sur le bras.

— Voyons, mon bon monsieur, vous n'avez pas l'air

d'un méchant homme, puisque vous donnez du sucre aux chiens ; rentrez un peu en vous-même, mettez-vous à ma place, et vous me rendrez justice.

Voyons, est-ce que les dix sous que vous m'avez donnés vous appauvriront beaucoup ? Non, n'est-ce pas ? Et moi, quoi que vous puissiez penser du degré de ma misère, vous savez bien que je suis très pauvre, et que ce n'est pas pour mon plaisir que je vis au coin des bornes à mendier, hein ? Maintenant c'est vrai que je ne suis pas aveugle : en êtes-vous fâché ? Aimeriez-vous mieux que je le fusse ? Non, n'est-ce pas ? et vous avez trop bon cœur pour cela. Je conviens qu'en général les gens qui ont une serinette et un barbet sont aveugles : mais enfin ce n'est pas une obligation, et le gouvernement ne me forcera pas à me crever les yeux parce que je possède ces deux objets. Je ne me suis mis aucun écriteau qui donne à supposer seulement que je sois aveugle. Toutes les fois qu'un bourgeois me demandera si je le vois, je lui répondrai toujours que je le vois : mais vous ne pouvez pas exiger que j'aille tirer par l'habit tous les passants pour leur dire que j'y vois clair quoique j'aie un barbet et une serinette. Maintenant, vous dire que je n'aie pas quelquefois pensé que ça se trouvait bien que j'eusse ce barbet et cette serinette, parce que ça ferait plaisir aux gens qui aiment les chiens et qui ont pitié des aveugles, je mentirais. Il y aura bien par-ci par-là quelques sous de donnés que je n'aurais pas eus sans ça : mais ce n'est pas par escroquerie, c'est par malentendu et je n'y suis pour rien. Au demeurant ce n'est perdu ni pour le bon Dieu, ni pour le paradis, ni pour moi qui suis très pauvre, ni pour mon bon chien qui est pauvre, lui aussi, et bien méritant...

Eh bien, monsieur, vous voyez, vous ne savez plus que dire ! La main sur la conscience, regrettez-vous vos dix sous et votre morceau de sucre ?

— Allez en paix, bonhomme. Je ne regrette pas mon argent ni mon sucre : mais j'avais une superbe théorie toute neuve sur le barbet, et celle-là je la regrette : vous et votre chien vous me l'avez complètement renversée.

— Une théorie..., mon bon monsieur, qu'est-ce que c'est que ça ?

— Une théorie, mon ami, c'est... le barbet du philosophe.

LE BŒUF

> Il donne aux fleurs leur aimable peinture,
> Il fait naître et mûrir les fruits...

Par un beau jour d'automne, quand vient le soir, à la campagne, les aspects de la nature et de la vie prennent un caractère incomparable de paix, de puissance, de douceur et de majesté.

Au penchant de la colline, à travers une masse de feuillage, le clocher de l'église découpe sur les rougeurs du soir sa pointe élancée ; les chemins creux bordés d'aubépines et de ronces serpentent à travers les chaumes, les vignes et les vergers. Au fond de la vallée, la prairie, calme et uniforme comme l'eau d'un lac, couvre la plaine de ses flots d'herbe verte, qui viennent, ainsi que sur un rivage, expirer au pied des coteaux.

Les petits oiseaux, s'appelant d'un cri rapide, voltigent le long des haies, de buisson en buisson, pour regagner leur gîte ou leur nid ; de tous côtés retentissent les voix lointaines des bergers, les longs abois des chiens, les clochettes des troupeaux qui rentrent au bercail, le chant des laboureurs ramenant leurs attelages.

Sur les chemins on entend crier les essieux des chars

qui roulent chargés de foin au milieu d'un nuage de poussière, faisant craquer le sable et laissant aux branches des arbres des guirlandes de fenaison. Dans les champs nouvellement labourés, la terre, soulevée par la charrue, s'est entr'ouverte et aspire la rosée du soir, qui la rafraîchit, et l'engrais, qui ranimera sa fécondité.

C'est surtout à cette heure du jour que l'homme sent dans toute leur force les liens qui le rattachent à la vie universelle. Un instinct irrésistible le chasse alors de sa demeure et, le poussant loin des chemins battus, lui fait chercher les espaces libres et les horizons ouverts.

Je m'avance dans la prairie, respirant avec délices la fraîcheur du soir, laissant flotter mes pensées comme dans un crépuscule où elles se confondent et où ma propre existence me semble s'évanouir dans l'immensité qui m'environne. L'étoile du soir commence à briller, l'air est doux, j'éprouve un sentiment de paix inexprimable : je suis heureux. Je m'arrête et je m'assieds sur le gazon.

Un grand bœuf broute à quelques pas de moi. Il lève la tête, mugit doucement, s'approche avec lenteur ; après quoi il s'arrête et se met à me considérer.

Ainsi posé au milieu de cette plaine aux lignes simples et calmes, il est vraiment majestueux de dignité rustique. Son corps, couleur de blé, profile sur le fond clair de l'horizon une énorme silhouette brune dont les angles et les rondeurs ressemblent à la forme des montagnes. Son front, large et fruste comme un roc, surmonté d'un bourrelet aux poils rudes, armé de cornes tordues sur elles-mêmes, n'est qu'un engin à pousser la force : on y sent le poids, mais la pensée en est absente. Dans ce mufle large et morne, la matière se gonfle, s'étale et s'arrondit, empâtant dans sa masse les traits qui, chez des animaux moins puissants, laissent passer à travers le masque de la brute une lueur de vague intelligence. Un regard terne vacille dans ses gros yeux ; de temps en temps il ferme ses paupières, comme si l'effort qu'il lui faut faire pour comprendre ce qu'il voit lui pesait et fatiguait son entendement.

Le cou, vigoureux et trapu, forme un cône déprimé dont la base s'applique depuis les épaules jusqu'au bas de la poitrine et dont le sommet s'articule avec la tête, comme pour y faire converger toutes les forces du corps. Pressé entre deux masses opposées, le garrot reflue, se soulève, et l'échine se tend droit comme une poutre, assemblant d'un trait les épaules et les hanches. Les jambes, massives et noueuses, les pieds, plats et largement fendus, servent de supports à cette charpente formidable.

Et tout cet amas de matière, toute cette accumulation de force, pourquoi ? Pour que les quatre estomacs du bœuf puissent être jour et nuit approvisionnés de nourriture ; pour que cette machine animale ne soit jamais exposée à chômer, fût-ce un seul jour.

Le bœuf est un véritable appareil de transmutation des matières organisées. Sans doute tous les herbivores participent comme lui à cet office, mais sa domesticité, et surtout le nombre incalculable des animaux de son espèce, lui donnent dans la civilisation une importance égale à celle du cheval, du mouton et du chien.

La plante puise dans l'atmosphère le charbon qui constitue son squelette : ce charbon est formé par les animaux. Elle pompe dans le sol la sève qui lui sert de sang : cette sève n'est rien sans l'engrais que produit l'animal.

L'animal mange la plante et s'en assimile certaines parties pour en éliminer certaines autres.

Vient à son tour l'homme, qui mange l'animal et le végétal.

Et c'est ainsi que le cours de la vie fait passer tour à tour la matière par le minéral, le végétal, l'animal, pour la ramener au minéral, et recommencer éternellement de même.

... Le soleil est couché ; ses lueurs orangées s'éteignent lentement dans une brume violette ; le crépuscule étend sur la terre ses reflets équivoques ; les corps s'effacent et semblent des fantômes ; la matière devient invisible, et dans les profondeurs de la nuit on entend respirer la nature et frissonner l'âme des choses. Les masses noires des arbres et des collines, les plans confus des champs et des prairies, les lignes pâles des chemins et des ruisseaux, dorment dans l'uniformité de ce repos universel.

Le bœuf s'est couché à quelques pas de moi, et il dort,

lui aussi. La terre se ranime et se gonfle sous la chaleur de ses flancs ; l'air s'imprègne des exhalaisons fécondes qu'il souffle. Il repose. Et pendant ce temps des milliers de créatures vivent de son travail : sur l'espace immense qui s'étend autour de lui, les champs sont couverts des sillons qu'il a tracés ; c'est lui qui a donné aux prairies leurs fleurs et leur verdure ; c'est lui qui a labouré le champ, fécondé la semence, voituré les gerbes, foulé le blé ; c'est lui qui a rapporté dans les granges les montagnes de foin qu'il faisait rouler tout à l'heure par les chemins, et de toutes ces maisons éparses dans la campagne il n'est pas une pierre ou une charpente qui n'ait été amenée à pied d'œuvre dans des chars traînés par lui.

Mais il ignore tout cela : il ne sait pas qu'il travaille, il ne sait pas que sans lui l'humanité mourrait de faim et de misère : il croit qu'il est esclave, il ne se doute pas qu'il est plus puissant que tous les rois, qu'il règne en réalité partout où l'homme mange un morceau de pain.

La nuit devient plus épaisse ; la masse de ce grand corps se confond de plus en plus avec le sol, et dans cette ligne indécise qui tranche encore sur l'horizon je ne vois plus où commence l'animal, où finit la terre. Et perdu dans ces espaces vagues où l'ombre et la lumière, la matière et la pensée, le corps brut et l'être vivant, s'enroulent et s'entremêlent en tourbillons confus, le bœuf rêve...

LE MARABOU

Les savants qui ont étudié et disséqué le rire prétendent que la surprise en est une des conditions essentielles : il faut que l'objet qui nous fait rire ait quelque chose d'inattendu. Le marabou semble fait pour justifier cette observation, car sa drôlerie va jusqu'à l'invraisemblance.

Il est invraisemblable que le bon Dieu s'amuse à faire des caricatures, et pourtant en voilà une, et de quelle force ! Le premier effet produit par l'aspect de cet oiseau est de faire rire : plus on le regarde, plus on est confondu de l'art qui a présidé à la construction de cette figure aussi bizarre que burlesque. Il n'y a pas un dessinateur au monde, pas un acteur comique, en état de réussir un tel idéal de ridicule ; c'est au-dessus des forces de l'homme : il y faut l'esprit et la gaîté d'un dieu.

Un corps bouffi et voûté, des épaules hautes et anguleuses, un cou ridé, plissé, bourrelé, rouge et écailleux, surmonté d'une tête chauve hérissée de quelques petits cheveux par-ci par-là, le tout juché sur deux longues pattes et terminé par un bec énorme, voilà en gros le signalement du marabou, voilà ce qui saute aux yeux dès qu'on l'aperçoit.

Arrêtez-vous, considérez-le attentivement, et l'effet de ce premier ensemble se décuplera par la précision, la logique et la verve des détails.

Vu par derrière, l'animal a quelque chose de mécontent, de bourru, qui indique la mauvaise humeur et l'obstination fichées en terre et tournant le dos. La hauteur des épaules et l'engoncement du cou marquent la suffisance et le mépris; l'étroitesse du bassin, la maigreur et la sécheresse des jambes, la rigidité de la pose, complètent une de ces tournures comiquement solennelles que certains cuistres et certains pédants ont la bonté de nous exhiber pour nous distraire des chagrins de la vie; enfin, au sommet de cet échafaudage de choses grotesques, la calotte rouge et ridée du crâne, enterrée dans un fouillis de plumes chiffonnées, rappelle à merveille ces crânes de savants qu'on voit, entourés d'un col sale, se balancer sur le collet crasseux d'un habit noir : comparaison d'autant plus légitime que le bas de ce plumage est noir et finit en basques d'habit.

Maintenant passez de l'autre côté et contemplez l'oiseau de face : l'effet est aussi surprenant qu'un coup de théâtre. Vous avez vu par derrière la sottise faisant le gros dos, vous voyez par devant la sottise qui s'étale et qui fait jabot. Les plumes de la gorge et de la poitrine bouffent avec des bosses et des cassures de chemise empesée; une espèce de vessie rouge et pointue pend sur le cou; les ailes, deux bras maigres, se serrent et se collent sur des flancs étroits; le ventre est exigu, misérable, problématique ; pareilles aux branches d'une paire de pincettes raccommodées au milieu de leur longueur, les pattes descendent tout droit et sont plantées raide.

Mais tout cela n'est qu'un pâle sourire de Pierrot en comparaison des hébêtements inouïs et des prodigieux ahurissements de la tête ! Ce n'est pas un bec, c'est un cornet de vieux carton d'occasion moisi, où on lui a fourré la figure sans s'inquiéter si c'était trop grand ou trop petit. Et c'est trop grand, beaucoup trop grand : on s'est trompé, on l'a pris pour un autre, c'est évident. Il a eu beau réclamer, on ne l'a pas écouté et on l'a poussé par les épaules après avoir eu encore la cruauté de lui barbouiller le bec de grandes taches noires avec un pinceau d'emballeur.

Il a eu le crève-cœur de voir défiler devant lui tous les autres avec de jolis becs bien élégants, bien légers. Tous se moquaient de lui, à l'exception du calao-rhinocéros. Celui-là est encore plus malheureux que le marabou : on lui a fourré deux becs l'un sur l'autre. Le premier est en trompette et ne fait que lui donner des migraines et l'empêcher de voir devant lui ; le second est en buffle de qualité inférieure et s'ébrèche aussitôt que son infortuné propriétaire essaye de s'en servir. Cette conformité de difformité a fait naître entre ces deux oiseaux une sympathie dont ils se donneraient certainement des marques fréquentes si les circonstances et les conditions de leur vie ne les avaient séparés depuis qu'ils ont été créés.

La calvitie de son crâne, les rides et les bourgeons de la peau rosée qui le couvre, et le rayonnement entre-croisé des quelques cheveux errant sur cet hémisphère, donnent à la tête du marabou un air de solitude et de dévastation. Sans ce malencontreux bec, ce serait une tête de philosophe, s'il est vrai qu'une tête soit d'autant plus philosophique qu'elle est plus chauve, ce que je crois.

Mais ce bec gâte tout, et son infortuné possesseur a beau faire, toutes les fois qu'il essaye un mouvement de physionomie quelconque, le bec se jette en avant, passe le premier, et voilà l'effet perdu. Ce bec fait le désespoir de son maître. Que dis-je, de son maître? de son esclave. Le marabou, avec cette muselière éternelle interposée entre le monde et lui, est un peu dans la position du prisonnier de l'île Sainte-Marguerite : c'est le Masque de fer de l'ornithologie. Toutes les distances, selon qu'il avance ou qu'il recule, doivent être additionnées ou diminuées de la longueur de ce bec; ses désirs ou ses espérances reculent devant lui de toute l'étendue de ce bec; il ne peut puiser dans le sein de la nature que par ce bec; si, dans les transports d'un amour légitime, il essaye d'échanger avec sa compagne de chastes caresses, il ne peut le faire que par l'intermédiaire de ce bec dont la sécheresse et la rigidité ôtent à ses baisers toute leur douceur.

Aussi sa préoccupation constante est-elle de se débarrasser de ce bec. Regardez-le : il y a toujours l'esprit tendu, il le vise incessamment, il ne le quitte pas des yeux. Il en songe tout le jour, il y rêve toute la nuit. Il épie ce bec, il combine des plans pour s'en évader quand le bec aura le dos tourné ; d'autres fois il tente des surprises : il le tape sur un arbre, il le pique sur un caillou : vain espoir, le bec est toujours sur ses gardes, toujours inébranlable. Parfois, pour ne plus le voir, le pauvre marabou le pose sur son épaule ou le cache sous son aile. Mais ce moment d'illusion dure peu, et c'est alors que vous le voyez prendre son parti, enfoncer son cou entre ses épaules, lever une patte, laisser son bec pendre tout droit : et il reste ainsi des heures dans l'immobilité d'un fakir.

Je ne sais pas à quoi il pense, mais ce que je sais c'est qu'il est très absorbé en des contemplations infinies, et qu'en cet état il est sujet à d'étranges distractions. Les fonctions les plus évidentes de la vie se passent pour lui sans qu'il en ait conscience, et la patte sur laquelle il repose ressemble à une bougie qui coule, tant elle est sillonnée de traînées calcaires qui vont former, sur le rocher où il perche, un banc de guano. Mais il est loin de ces misères : il rêve aux bords du Gange, aux brahmines, aux crocodiles, aux corps morts qui roulent dans les eaux du fleuve sacré, et il pousse des soupirs dont l'écho va se répercutant tristement dans les circonvolutions mystérieuses de son bec sonore.

Le marabou a deux qualités qui lui font le plus grand honneur et que j'ai eu maintes fois occasion de mettre à l'épreuve : ces deux qualités sont la persévérance et la candeur.

Prenez un caillou et jetez-le-lui. Il croit que c'est un morceau de pain, il ouvre le bec, et clap! il attrape le caillou. Il voit que c'est un caillou, il le laisse tomber, c'est bien, et il se remet en position.

Vous prenez un second caillou et vous le lui jetez. Il croit que c'est un morceau de pain, il ouvre le bec, et clap! il attrape le caillou. Il voit que c'est un caillou, il le laisse tomber, c'est bien, et il se remet en position.

Nous nous sommes mis deux pour ne pas nous fatiguer, et nous lui avons jeté peut-être trois cents cailloux : à chacun, il a recommencé avec la même conviction et sans donner le plus léger signe d'impatience ou d'étonnement. Nous étions exténués, qu'il regardait encore si nous n'allions pas lui offrir quelque chose!

Cela m'a donné une bien haute idée de cet animal.

— C'est un caractère de héros, me disais-je : rien ne le décourage, rien ne le désabuse. Un oiseau qui a l'air aussi prodigieusement bête, et qui prend trois cents fois de suite un caillou pour un morceau de pain, n'est certainement pas un homme ordinaire.

Je ne me trompais pas. J'ai pris des renseignements sur son compte aux Indes et au Sénégal, où il est très connu, et j'ai appris que ce marabou est un des personnages les plus considérables et les plus considérés de ces pays.

Il remplit à la fois l'office d'égoutier et d'égout, car il parcourt incessamment les villes et les bords des ruisseaux et des fleuves, ramassant et avalant tout ce qui est gâté, mort, corrompu; de sorte que, comme les vautours d'Égypte, comme les urubus d'Amérique, il passe sa vie à nettoyer la civilisation, à corriger les imprévoyances des hommes, à réparer leurs sottises ; en un mot, à les défendre contre le mal qu'ils cherchent à se faire.

Ainsi cet animal dont je me suis moqué est tout simplement un des tuteurs les plus dévoués et les plus utiles que Dieu ait donnés à l'imbécillité humaine : et moi qui ris de lui, je ne serais pas en état d'avaler, même en pilule, le plus humble de ces détritus qui sur les bords du Gange ou du Sénégal empoisonnent mes frères. Je verrais mourir dix mille nègres de la dysenterie sans avoir le courage de leur rendre, pour désinfecter l'air qu'ils respirent, un seul de ces services auxquels le marabou consacre sa vie tout entière.

Et maintenant quel problème! Ce rire, que le seul aspect du marabou suffit à faire éclater, nous ne l'inventons pourtant pas : c'est Dieu qui nous le donne, c'est lui qui nous l'inspire, quand il lui plaît de faire jaillir devant nous la source bénie de la gaîté : mais il est juste, il est respectueux pour ses créatures, puisqu'il y voit son propre ouvrage. Pourquoi donc alors a-t-il donné la majesté à tant de bêtes féroces, la grâce à tant d'êtres insignifiants, et pourquoi inflige-t-il le masque du ridicule à ces serviteurs de confiance qu'il a chargés de faire le bien ?

Mais en y réfléchissant je me dis que peut-être il ne s'est pas trompé ; que peut-être il a su ce qu'il faisait ; que peut-être, si nous croyons retrouver dans certains animaux les traits auxquels nous avons coutume d'attacher l'idée de ridicule, c'est parce que nous prenons ces traits dans l'homme, faisant aujourd'hui des caricatures à notre image, comme au temps du paganisme nous faisions des dieux. Que si une pauvre bête se trouve ressembler à telle ou telle espèce d'homme qui nous fait rire, nous disons que la bête est ridicule et nous rions... comme des bêtes.

A ce compte-là tout le tort et tout le malheur du marabou serait de trop ressembler à un cuistre, à un pédant. C'est ceux-là qui sont ridicules, c'est de ceux-là qu'il faut rire.

Et nous pouvons le faire en toute sûreté de conscience, puisqu'ils ne sont pas l'ouvrage de la sagesse de Dieu mais de la sottise des hommes.

LA COLOMBE

> La colombe n'est pas un oiseau, c'est une âme !
>
> MOI.

Quand un de ces regrettables cataclysmes qui viennent de temps à autre bouleverser le globe anéantirait toute trace et tout souvenir de notre civilisation, je ne demanderais qu'un couple de colombes pour ressusciter l'univers, car ce couple contiendrait virtuellement les deux choses qui, à ma connaissance, sont le plus nécessaires ici-bas : la zoologie morale et l'amour.

En effet je le prouve. La zoologie morale, qu'est-ce que c'est? C'est, en langage de savant, la moralisation de l'homme par l'exégèse cosmique : en bon français, la morale naturelle. Quel est l'objet de cette science? Étudier les animaux avec attention, avec humilité, avec affection, avec reconnaissance, surtout, pour celui qui les a créés ; c'est oublier toutes les sottises dont on nous a farci la tête à leur propos, pour les admirer dans leur beauté et pour les imiter dans leur simplicité, dans leur obéissance et dans leur sagesse ; c'est pleurer sur leurs malheurs, sourire à leurs joies, ouvrir notre cœur à cet amour infini qui est la loi suprême ou plutôt l'âme vivante de l'univers ; c'est être intelligent, c'est être bon, c'est être heureux dès lors, si le vrai bonheur consiste à connaître la vérité et à tout aimer autour de soi.

Or, de tous les êtres animés qui ont été placés autour de l'homme pour lui servir d'exemples et de conseils, la colombe est à la fois le plus gracieux et le plus influent, puisqu'elle est l'oiseau de l'amour, et en même temps, choses qui sembleraient s'exclure, le volatile du mariage ! La colombe est donc le type suprême de l'animal zoologico-moral : et comme la sagesse, la bonté et l'amour, suffiraient incontestablement à recréer un autre monde valant au moins celui-ci, vous voyez que j'avais bien raison de vous dire qu'en cas de malheur je me charge, avec deux colombes, de vous refaire un monde tout neuf.

Mais il faut qu'elles soient de sexe différent : n'oubliez pas ce détail, qui a plus d'importance que vous ne paraissez le croire.

On se figure généralement que les savants sont des paresseux qui aiment mieux écrire tout ce qui leur passe par la tête que de se donner la peine de regarder les choses dont ils parlent et de réfléchir avant de formuler une opinion. On a raison, car c'est vrai de tous les savants, mais pas de moi : moi je représente une classe de savants à part, puisque j'ai fait une science exprès pour moi et que je suis le seul qui la sache. Eh bien, vous allez voir si on est en droit de m'appliquer la réflexion désobligeante que je viens de rejeter sur le dos de mes honorables confrères.

Je gage que vous avez pris pour un vain jeu d'imagination, et même peut-être pour une vanterie, ma proposition de repeupler l'univers à l'aide de deux colombes ? Savez-vous bien qu'en ce cas vous vous tromperiez fort, et cela par une raison assez bonne, c'est que ça déjà été fait ! Oui, et par quelqu'un dont vous ne récuserez pas l'autorité : par le bon Dieu. Il est vrai qu'il lui a suffi d'une seule colombe, mais vous pouvez bien m'en passer deux, à moi qui ne suis qu'un homme.

Si vous n'avez pas tout à fait oublié votre histoire sainte, voulez-vous bien me dire ce qui s'est passé quand, après quarante jours et quarante nuits d'une pluie abominable et d'une inondation qui avait fait périr tous les êtres vivants, l'Arche s'arrêta sur le mont Ararat ? Le moment était solennel : le monde était précisément dans la situation dont je vous parlais en commençant, situation aussi lamentable que possible, puisqu'il était détruit. Eh bien, à ce moment, le plus mémorable sans contredit de l'histoire de l'humanité, quel est le premier être qui va, au nom de tous les animaux, au nom de la vie, reprendre possession de la terre ? Quel ambassadeur assez sympathique, assez gracieux, assez intelligent, Dieu va-t-il choisir pour aller porter son pardon à ce monde qu'il vient d'écraser sous sa colère et qu'il va ranimer sous sa miséricorde ?

Une colombe. Or si vous voulez bien encore vous ressouvenir que Dieu ne fait rien sans raison, croyez-vous que Dieu, qui avait sous la main une volière comme le Jardin des Plantes et le Jardin d'acclimatation n'en auront jamais, ait choisi la colombe par hasard pour lui confier la plus auguste fonction dont jamais oiseau ait été revêtu ?

Non, en la désignant pour aller porter hors de l'Arche le signal de renaissance de la création, Dieu voulut marquer par un symbole que l'amour, la grâce et la beauté, allaient refleurir sur la terre.

Or, dans la parole de Dieu, symbole et verbe sont tout un, et les hommes, qui comprennent l'un et l'autre, n'ont jamais oublié l'enseignement contenu dans le symbolisme de la colombe. Bien que les ténèbres du paganisme leur aient obscurci pour un temps les vérités sacrées, ils n'en ont pas moins conservé l'instinct de l'adoration pour tous les êtres supérieurs, et c'est à ce titre qu'ils ont fait de la colombe l'oiseau de Vénus et le symbole de l'amour et de la grâce.

Vénus, amour, grâce, tout cela se résume en un mot : femme. Donc, mythologiquement et historiquement parlant, c'est la femme qui, sous la forme d'une colombe, est sortie la première de l'Arche, et c'est elle encore qui, sous la même forme, a été adorée par toute l'antiquité.

Il faut n'avoir jamais vu une femme pour ignorer combien elle ressemble à une colombe : il faut n'avoir jamais vu une colombe pour ne pas voir à quel point elle ressemble à une femme.

Quand on ne serait qu'un géomètre, on serait encore forcé d'en convenir, et même de le démontrer au tableau !

Faites deux ans de mathématiques élémentaires et deux ans de spéciales, et vous serez amené à cette conclusion que les courbes les plus renommées pour leur grâce ne sont que des dérivés graphiques des ondulations et des courbes, soit de la femme, soit de la colombe. Vous aurez beau faire de la géométrie descriptive et du calcul infinitésimal pour analyser et développer les formes de la femme et de la colombe, vous n'y trouverez ni une ligne droite, ni une ligne brisée, ni un carré, ni un triangle ; pas même le plus timide des polygones : la courbe et l'ellipse, rien autre. Quelle merveille que cette ellipse ! quel mystère et quel symbole que ces deux foyers qui de deux centres font une seule figure dont la révolution engendre l'ovoïde ! L'ovoïde, c'est-à-dire le plus gracieux des solides, celui qui va servir à la fois de moule et de plan à tous les traits et à toutes les formes de la femme et de la colombe !

En examinant avec attention et impartialité des épaules de femme surmontées du cou et de la tête qui les complètent si heureusement, n'est-on pas frappé de l'analogie saisissante de cet ensemble avec le cou et les épaules d'une colombe ? Même pureté dans les lignes, même délicatesse dans les contours, même harmonie dans les transitions, et surtout même grâce dans les mouvements.

Les yeux sont doux, les petites pattes sont roses, le bec est rose. Mais c'est quand on tient la colombe dans ses mains, quand elle agite ses ailes, quand on sent son petit cœur battre à coups précipités, quand on passe doucement la main sur ses plumes, c'est alors qu'on voit combien la zoologie morale est une belle science et combien les principes en sont justes et consolants !

Au moral, la colombe est un modèle accompli de tendresse, de dévouement et de fidélité. Le mâle fait la cour à sa femelle mieux que nous ! Il se prosterne quinze ou vingt fois de suite à ses pieds lorsqu'il sollicite ses faveurs. Quand elle lui a donné des œufs, il les couve ; les œufs éclos, il gave les petits ! Une colombe meurt quand sa compagne est morte, ou, si elle ne meurt pas tout à fait, elle garde un veuvage inviolable et ne reprend jamais plus sa gaîté.

On remplirait des volumes avec le récit des traits du dévouement et de l'affection des colombes : le culte que l'humanité leur porte depuis tant de siècles, et qui n'est au fond qu'un hommage symbolique à l'être éternellement adoré dont elles sont l'image, leur donne une place à part dans la zoologie morale.

C'est ainsi qu'austère, mais jeune et féconde, la science dont je suis père ne se contente pas de peindre le portrait des compagnons de voyage que Dieu a donnés à l'espèce humaine : elle sait encore s'élever aux plus hautes conceptions de la vie, remonter le cours des âges, et, réchauffant l'admiration de l'homme pour les objets de ses plus chères affections, lui faire voir que si l'intelligence lui a été donnée pour connaître, le cœur lui a été donné pour aimer.

LA COURSE DE TAUREAUX

Une porte rouge à ferrements noirs s'ouvre et vomit le monstre. Il roule comme un torrent déchaîné, et d'un seul élan va se ruer tête baissée contre les ennemis qui l'attendent.

A le voir bondir, se raser contre terre, se ramasser sur lui-même, s'accroupir, se dresser debout, fouiller le sable; à voir ces flancs palpitants de rage, cette échine noueuse qui se tord, cette queue dont il fouette l'air, et ce mufle trapu et barbare qu'il jette par saccades de tous côtés pour attaquer ou pour faire tête, on cherche vraiment quel nom lui donner, car il ressemble à ce que nous appelons un taureau comme un cauchemar ressemble à la réalité.

On m'avait bien souvent décrit ces courses, j'en avais lu plus d'un récit, mais je dois dire que j'ai vu là des choses dont personne ne m'avait parlé. Une fois de plus, pour avoir eu le courage de voir de mes propres yeux et de sentir de mon propre cœur un spectacle sanglant, j'ai rapporté de cette épreuve une de ces leçons que la nature ne refuse jamais à qui ose la regarder en face.

Je n'ai jamais vu mieux comment la description, si exacte et si habile qu'elle puisse être, est loin de la réalité, et cela à proportion de l'intérêt : plus cette réalité est terrible ou touchante, plus l'image qu'on en veut peindre pâlit en présence du modèle, au point qu'on le reconnaît à peine : et c'est ce que j'ai éprouvé.

La parole ne peut jamais être qu'un écho affaibli de la nature : le sentiment en est la voix même. L'horreur est une volupté : la coupe de la vie a d'enivrantes saveurs pour l'homme quand il y boit le sang.

On boit le sang. Supprimez ces nappes de sang qui ruissellent, ces chevaux éventrés pataugeant dans leurs entrailles, ces cavaliers renversés et roulés par le taureau, et ces coureurs légers qui le harcèlent sans relâche et ne lui échappent que d'une seconde; supprimez, en un mot, la véritable héroïne de la fête, cette mort, cette mort qui est là, séparée par une barrière seulement des spectateurs, furieuse, effroyable, couverte de bave, de sang et de poussière, mais belle de toutes ses horreurs et de tous ses vertiges, supprimez cela, vous n'aurez qu'un jeu de barbares au lieu d'un combat de héros.

Mais la mort est là : elle éclaire, elle ennoblit tout de ses lueurs tragiques. Les visages graves des combattants, la noblesse de leur démarche, l'éclat de leurs costumes, la loyauté des coups qu'ils portent, et, seul en face d'eux, cet adversaire qui semble vraiment le champion de la vie, tant la nature lui a donné de beauté, de force et de courage, tout cela ne forme-t-il pas la plus pathétique et la plus terrible des scènes qui puissent émouvoir le cœur humain ?

Dans cette lutte dont tous les détails sont prévus et toutes les péripéties réglées d'avance, quoique tout se passe constamment de même rien n'est jamais pareil.

C'est qu'ici ce n'est pas l'homme qui mène la bataille, c'est le taureau. De tous les adversaires qui sont devant lui, il n'en est pas un, quels que soient son courage ou son expérience, qui sache une minute à l'avance ce qu'il lui faudra faire. Suivant les cas il devra se défendre, attaquer, fuir, mourir même au besoin, mais toujours à de certaines conditions, car il y a, sur cette terre classique de l'honneur castillan, une chevalerie qui règle les combats de taureaux et à laquelle nul ne peut forfaire sans soulever les huées des spectateurs.

Il y a là tout un code de droits et de devoirs que les assistants savent par cœur et dont ils réclament à haute voix l'observance aussitôt qu'un des combattants s'en écarte, de sorte qu'ils sont vraiment comme un peuple de juges ; des juges furieux, frénétiques, mais toujours sincères dans les cris d'indignation qu'ils poussent selon qu'un des combattants, l'homme ou le taureau, n'importe, manque de loyauté dans l'attaque ou de courage dans la défense.

Je dis : l'homme ou le taureau, et ce n'est pas une des moindres merveilles de ce spectacle que de voir traiter l'un comme l'autre sur le même pied. Est-ce l'homme qui s'abaisse, est-ce le taureau qui s'élève, ou bien est-ce parce qu'on voit là si clairement l'égalité de tous les êtres devant la mort, je ne sais : mais toujours est-il que les mêmes applaudissements et les mêmes sifflets sont indifféremment prodigués à l'un ou à l'autre au nom des mêmes lois et du même honneur.

Et, oserai-je le dire ? Ce serait à croire, à de certains moments, qu'en vérité le taureau lui-même entrevoit à travers sa fureur je ne sais quel rayon de ce soleil que nous appelons la gloire ; que, ne rencontrant devant lui ni la lâcheté ni la trahison, il n'imite que ce qu'il voit et devienne héros devant les héros. Tout ce qu'il fait, il le fait franc et droit. Il attaque de face ou de flanc, jamais par derrière. Il frappe une fois : rarement on le voit s'acharner contre la victime qu'il a renversée, mais il ne veut pas qu'on y touche, et souvent il fait sentinelle et menace quiconque essaye de s'en approcher. Quand, épuisé de sang et de forces, il ne se sent plus en état d'attaquer, il se dérobe mais il ne fuit pas, et quoique le picador, tournant son cheval pour aller reprendre ailleurs une autre position, se trouve un moment à sa merci, il ne profite pas de son avantage pour le frapper par derrière.

Voilà du moins comment combat le taureau de noble race, celui qui a hérité de ses ancêtres, comme un gentilhomme de ses aïeux, le courage et la loyauté ! Ce sont qualités nationales chez les spectateurs qui le regardent : pour eux le taureau est espagnol, il doit se battre comme un Espagnol. S'il fait son devoir dans cette lutte chevaleresque, on lui rend les honneurs comme à un chevalier : s'il refuse le combat, s'il se montre traître ou lâche, on l'apostrophe et on l'insulte comme on ferait un soldat qui se déshonore.

Aussi, malgré la pompe et l'éclat qui se déploient dans cette lutte, malgré les prodiges d'adresse et de courage qu'on y voit accomplir par l'homme, c'est le taureau qui est tout.

Au premier pas qu'il a fait dans l'arène il a déjà donné le ton et pris la tête. Cette foule qui s'étage sur les gradins du cirque, cette troupe d'hommes qui voltigent autour de lui en agitant des draperies, les cris des spectateurs, les fanfares de l'orchestre, tout, jusqu'à l'éclat du soleil, paraît rassemblé autour de lui pour le mettre en lumière. Ici en effet point d'incidents secondaires, point de personnages accessoires : le drame suit pas à pas le taureau, bondissant et tournoyant avec lui dans le cercle de mort où il se débat.

A mesure que l'action se presse, un sentiment étrange vous saisit à voir ces milliers de regards qui, étincelants comme des épées, s'entrecroisent sur lui sans relâche et semblent l'illuminer de leurs éclairs ; et plus le dénouement approche, plus l'enthousiasme de toutes ces âmes semble se concentrer autour de lui en une auréole de feu !

C'est qu'ici, comme dans une œuvre d'art, l'unité d'action enserre tous les cœurs d'une seule chaîne et les force à battre la même mesure : et l'effet est irrésistible parce que c'est la nature, l'artiste suprême, qui mène l'action.

Le plan d'attaque est toujours le même : quant aux incidents de la bataille, ils peuvent varier à l'infini, mais le taureau, lui, ne change pas : tel il est apparu tel il meurt, et voilà pourquoi, de tout ce qu'on a vu dans une course, l'entrée en scène et la mort sont ce qu'il y a de plus beau et qui ne s'oublie jamais.

On a décrit vingt fois ces courses. Théophile Gautier, entre autres, l'a fait avec une verve et un éclat qui défient toute émulation : mais l'entrée et la mort, ces deux moments où tout semble disparaître pour laisser le taureau seul avec lui-même, ne peuvent être rendues ni par la plume de l'écrivain ni par le pinceau du peintre : il faut être là, voir et sentir. Et on pense après.

Les *chulos,* pour entraîner ou détourner le taureau, ont à montrer plus d'adresse et de légèreté que de courage : leur rôle est d'exciter, d'aveugler sa fureur, et de fuir.

Les *picadores,* avec leur chapeau blanc à bords démesurés, leur grosse lance de bois brut armée d'un aiguillon, ont un aspect terne et passif qui s'accorde mal avec la grande tournure des autres combattants. Leurs chevaux, victimes qu'on dirait résignées d'avance à leur sort, paralysés sans doute par la peur, restent immobiles sous leurs cavaliers, ne se cabrant pas, ne ruant pas, recevant, sans chercher à se défendre, les effroyables coups de corne dont le taureau laboure leurs pauvres flancs ; et quand, couverts de sang, traînant dans la poussière leurs entrailles arrachées, ils trottinent encore quelques pas avant de tomber, ils semblent, comment dire? plutôt tristes, mais d'une tristesse piteuse, et le mal qu'on souffre à voir cela est quelque chose d'inconnu et d'intolérable : je ne sais s'il y a là-dedans, du remords, de la honte ou quoi, mais c'est affreux!

Le jeu cruel des *banderilleros,* quoiqu'il exige d'eux une adresse, une agilité, un sang-froid, un courage, vraiment merveilleux, et qu'au point de vue de l'art il offre de beaux contrastes entre leur grâce et la fureur du taureau, est un intermède un peu léger, je dirais presque futile. A les voir, pincés dans leurs costumes de soie et d'or, sautiller sur la pointe de leurs escarpins en levant les bras pour agiter les banderilles, ils ont trop l'air de ces danseuses travesties en hommes et qui font leurs grâces dans un ballet d'opéra.

L'entrée du taureau, le train dont il a pris possession de la lice, ont décidé de l'allure du combat. Il a sa façon à lui de jeter le gant, ce chevalier au casque épouvantable, et dès qu'il paraît il montre à l'instant ce qu'il faut craindre de ses coups. Soit qu'il roule tout d'un trait, la tête basse comme un sanglier ; soit qu'il s'arrête, le cou tendu, interrogeant l'air de ses naseaux tremblants et comme étonné de sa propre colère; soit qu'il bondisse, lançant sa tête de tous côtés ; soit que, plus dangereux encore, courbant son échine, battant ses flancs de sa queue, grattant du pied le sable, le mufle rasé contre terre, il attende et se ramasse, il a donné le mot d'ordre et il a conduit la bataille.

Le voilà maintenant prêt pour la mort. Ses cornes sont rouges de sang, le sang ruisselle de ses épaules labourées par le fer des lances ; las de secouer les dards qui pendent accrochés à son garrot, il s'arrête, non pas découragé mais comme incertain : il ne comprend plus, et levant la tête vers les spectateurs, il semble leur demander s'il n'a pas assez combattu, et ce qu'on demande encore de lui.

A ce moment une bande de musettes et de tambourins commence à jouer une espèce de pas redoublé d'un accent à la fois aigre et sourd. Comme si une folie de gaîté les prenait tout à coup, les femmes placées du côté du soleil, où se tient le bas peuple, se mettent debout et, soulevant leurs enfants tout droits, chantent et les font danser en l'air comme des marionnettes. A chaque course il en est de même. Est-ce l'effet de cette musique sauvage, est-ce la surexcitation où l'on se trouve en ce moment, toujours est-il que cette joie subite, arrivant au moment où le taureau va mourir, a quelque chose de féroce qui fait frissonner.

Mais la musique se tait, tout le monde se rassied, et l'*espada* s'avance à pas lents vers le taureau : à pas lents, car l'*espada* ne court jamais.

Ici l'action se serre et se précipite, le sang reflue au cœur.

Un grand changement s'est fait dans le taureau. Le calme et le silence, succédant tout à coup aux tourments dont on le harcelait, le troublent, et comme si son instinct lui faisait deviner qu'elle le regarde et qu'elle l'attire, il flaire la mort.

L'*espada* tient de la main gauche une cape rouge, et de la droite y cache une longue épée qu'il agite sous l'étoffe. Faisant voler la cape par longues passes devant les yeux du taureau, il l'éblouit, il le fascine, rétrécissant de plus en plus le cercle où il le force à tourner autour de lui, jusqu'à ce que, maîtrisée de plus en plus par ce vertige de mort, la victime arrive enfin à courber la tête assez bas.

Un éclair luit : c'est fait.

J'ai vu mourir six taureaux dans la même journée ; il n'y en a pas un qui soit mort de même, et je ne saurais dire quelle pitié et quelle terreur on éprouve à voir les soubresauts et les convulsions de ces superbes créatures se débattant et se révoltant contre la destruction.

Quelques-uns tombent foudroyés ; il en est qui s'agenouillent lentement pour mourir ; certains courent comme fous ; d'autres chancellent, ivres de mort. Mais au-dessus de tous ces fantômes sanglants il en est un qui se dresse et que je vois toujours devant mes yeux. Celui-là n'a pas voulu tomber, il est resté debout. Quand sa croupe et ses épaules commencèrent de crouler enfin sous le poids irrésistible de la mort, il s'abaissa lentement, tout d'une pièce, comme s'il se fût enfoncé dans la terre ; et tout son corps était envahi déjà par l'immobilité suprême, qu'il secouait, dans une dernière menace, sa tête et son cou qui survivaient encore !

Tant qu'a duré la lutte, l'*espada,* superbe de calme et

de dignité, étincelant de verve et de courage, a grandi de seconde en seconde. Quand, dominant de plus en plus le taureau, il le forçait à venir lui tendre sa tête, son regard profond, son visage pâle, ses mouvements magnétiques, lui donnaient l'air d'un être surnaturel enchantant quelque monstre, et quand le moment fatal est venu, il a foudroyé comme un dieu.

Mais aussitôt, soit qu'à cet instant la mort l'ait touché de ce respect qu'elle impose à tout être vivant, ou que son cœur se soit arrêté tout à coup, suspendu entre l'attrait du carnage, qui l'enivrait tout à l'heure, et l'horreur du sang, qui maintenant réclame ses droits, il n'est plus le même. Les bras abandonnés le long de son corps, laissant pendre à terre les plis de la cape et la pointe de l'épée, la tête inclinée de côté, il recule à petits pas devant le taureau, toujours prêt à se mettre en garde contre quelque retour, mais suivant d'un air pensif et mélancolique les progrès de l'agonie.

Le taureau, tout entier à la mort, ne s'occupe plus de son ennemi : le cou penché en avant, on dirait qu'il cherche en chancelant cette lumière qui s'obscurcit et ce je ne sais quoi qui l'abandonne ; et comme s'ils sentaient leur commun néant devant la loi irrésistible et fatale qui tout à l'heure assignait à chacun son rôle, le meurtrier et la victime semblent avoir fait la paix....

Le taureau tombe enfin.

Cinq mules attelées, pavoisées de drapeaux, caparaçonnées de harnais jaunes et rouges, entraînées et suivies par une troupe d'hommes qui bondissent autour d'elles, s'élancent dans l'arène et viennent se ranger devant le taureau. On passe une corde, on accroche un anneau, la tête se soulève, entraînant le corps, et on la voit, emportée au galop furieux de l'attelage, balancée en l'air, secouant ses cornes, dansant comme une ombre fantastique à travers les tourbillons de poussière, fuir et disparaître enfin au milieu d'un tonnerre d'applaudissements, d'acclamations et de fanfares.

Je ne reconnais plus mon cœur. Qu'est-ce donc que j'éprouve? Que me veut cette jouissance inexprimable, qui me fait horreur? Ce n'est ni du plaisir ni de la joie : c'est comme un orgueil : je ne suis qu'un spectateur et on dirait que je triomphe....

Ah! je comprends maintenant quel attrait ont pour la nature humaine des spectacles tels que celui-ci : comme la cape rouge qui fascine le taureau, le sang, rouge aussi, attire le regard de l'homme et lui donne le plus redoutable et le plus délicieux des plaisirs, celui dont il ne s'est jamais assouvi et dont il ne s'assouvira jamais : voir la mort faucher devant lui, et se sentir plein de vie!

On peut rester froid devant les douleurs imaginaires des héros de théâtre, mais c'est ici la tragédie naturelle : pitié, terreur, sang et mort, tout y est vrai.

LE CRAPAUD

Pourquoi pas ?

S'il me fallait, pour pouvoir vous en parler, en prendre un et l'avoir sur ma table pendant que j'écris ces lignes, ou si je prétendais vous forcer à le tenir sur vos genoux et à le manier dans vos mains pendant que je vous expliquerais la bête, je concevrais vos réclamations : mais je n'y touche pas, et je vous en parle de loin. Il n'y en a pas dans mon cabinet ; ils sont là-bas, à la campagne, où l'air est meilleur. Ne les dérangeons pas : ils sont bien où ils sont, puisque c'est le bon Dieu qui les y a mis.

Nous nous voyons peu tant que dure l'hiver : cette vie de Paris absorbe tellement, que malgré toute la bonne volonté du monde on néglige un peu ses connaissances. Mais quand vient l'été je le retrouve, et au risque de vous faire faire un haut-le-corps, je vous dirai que je le retrouve avec plaisir.

Certainement il n'est pas beau....

Je réfléchis, et je retire ma phrase. Car enfin qu'est-ce que j'en sais? Il déplaît, il fait peur, il inspire du dégoût, même, à beaucoup de gens : mais cela prouve-t-il qu'il soit laid? On pourra le dire le jour où on saura ce que c'est que le beau : et voilà, sans aller plus loin, M. Victor Hugo, un publiciste jouissant d'une certaine notoriété, qui vous dira que « le beau c'est le laid ». Vous me répondrez peut-être que vous ne savez pas ce que cela veut dire, et je dois convenir que je ne le sais pas davantage, mais je *nous* répliquerai que c'est une opinion particulière et rien de plus, de sorte que la philosophie et l'esthétique s'accordent pour affirmer la proposition suivante :

— On ne peut pas dire que le crapaud soit laid.

Je connais dans le monde des gens qui ressemblent à des crapauds. Dire que je les trouve beaux, ce serait mentir. Surtout quand ils ont des pustules. Mais enfin, crapaud ou grenouille c'est bien cousin-germain, et il y a de petites femmes qui ont les yeux à fleur de tête, le front bas, la figure plate, la bouche légèrement démesurée, et qui ont l'habitude de sautiller ; il y a eu évidemment des grenouilles dans la famille. Cela ne les empêche pas d'être charmantes, et je suis bien sûr que c'est par égard et par sympathie pour elles qu'on ferme les yeux sur la rencontre de quelques crapauds humains dans les salons qu'elles embellissent de leur présence.

Voyez donc un peu : si le crapaud était joli, on ne dirait pas qu'il est laid. Cette laideur est la seule objection sérieuse qu'on ait contre lui, et les mêmes hommes qui se roulent aux pieds d'une femme laide, les mêmes femmes qui se font lécher la figure par d'affreux carlins, poussent des cris au seul nom du crapaud ! Demandez à une crapaude, au temps de ses amours, comment elle trouve son prétendu : elle vous dira qu'elle le trouve charmant. Et vous conviendrez qu'elle doit mieux se connaître en crapauds que nous ? Et le bon Dieu, lui, qui les a pétris des mêmes mains dont il a modelé le corps d'Aspasie, demandez-lui un peu ce qu'il pense de ce batracien « anoure » : anoure, c'est-à-dire sans queue ? Vous savez bien qu'il vous répondra ce qu'il répond invariablement à toutes les critiques saugrenues que vous élevez contre ses ouvrages :

— Considérez avec respect toutes mes créatures, enfants ingrats, et tâchez de comprendre tout ce que j'y ai mis de sagesse souveraine et d'infinie bonté.

Eh bien, suivons ce conseil divin et considérons le crapaud avec respect au lieu de le considérer avec dégoût : nous allons le voir se transfigurer et nous apparaître rayonnant de la multiple auréole de la bienfaisance, de la vertu, de l'intelligence, de l'affection, de la résignation, de la patience, et enfin de la beauté.

Le crapaud est bienfaisant : s'il n'existait pas il faudrait l'inventer, car il consomme pour sa nourriture une immense quantité de limaces, de vers et d'insectes vivants. Il est tellement utile sous ce rapport, que les Anglais, qui sont des hommes sérieux et pratiques en tout, loin de le détruire emploient tous les moyens possibles pour le faire multiplier. En attendant qu'ils aient installé des haras de crapauds où ils arriveront, je n'en doute pas, à obtenir par une sélection judicieuse des pur-sang aussi renommés que ceux de leur race chevaline, ils favorisent parmi ces utiles insectivores des mariages bien assortis. Ils font plus, ils importent chaque année dans leur île des quantités considérables de crapauds que des négociants français leur expédient régulièrement. Ces précieux émigrants sont transportés dans des sacs où ils sont à l'abri des émotions et des intempéries du voyage. Si quelques-uns d'entre eux ont le mal de mer, je plains les autres, et je signale cet abus à la Société protectrice des animaux.

Quoi qu'il en soit voilà un fait qui montre quel prix nos voisins attachent aux services d'une pauvre bête à laquelle nous devrions baiser les pattes : car on peut dire que chacun des crapauds qui prennent pension sur un domaine représente peut-être pour le propriétaire une rente de cinq francs, soit un capital de cent francs. En effet les chenilles, limaces et insectes nuisibles, qu'il détruit en une année, dévoreraient pendant ce temps-là pour cinq francs de produits utiles, et même davantage dans certaines cultures telles que les primeurs. Songez donc que l'empereur de Russie a eu sur sa table, cet hiver, un plat de cerises qui a coûté dix mille francs : le crapaud qui aurait mangé la chenille qui aurait mangé ces cerises vaudrait dix mille francs, pas un sou de moins.

Aussi, en présence d'un intérêt si considérable, je crois devoir prendre la défense de l'agriculture française, et je m'adresse à la Chambre des députés. Je demande une mesure radicale : je suis sûr de l'obtenir. Je demande formellement qu'une loi rigoureuse soit votée tout de suite pour prohiber l'exportation de la race crapaudine, à moins que les Anglais ne s'engagent à recevoir chez eux, en franchise et sans surtaxe de pavillon, tout notre stock disponible de chenilles et de phylloxeras.

Le crapaud est vertueux. En effet, à raison de certains détails de ménage sur lesquels je vous demande la permission de ne pas insister, le mariage se concilie pour lui avec des réserves tellement séraphiques que ce n'est pas la peine d'en parler. Entre crapaud et crapaude, l'amour « proprement dit » n'est pour ainsi dire qu'une parenthèse perdue entre les lignes du grand poème qui remplit toute leur vie : le poème de la maternité. Personne n'a l'esprit de famille comme le crapaud : toutes les espèces, on peut le dire, rivalisent de dévouement sous ce rapport. Mais il y en a deux qui se signalent plus particulièrement et qui méritent d'être données en exemple aux pères et aux mères de famille.

La première espèce est le *pipa*. C'est un crapaud américain ; il vit dans les prairies chaudes et humides de l'Amérique méridionale. Le mâle place les œufs sur le dos de la femelle, qui se rend ensuite à l'eau, où son corps, irrité par le contact des œufs, se gonfle et forme des cellules dans lesquelles les petits éclosent et demeurent jusqu'à ce qu'ils aient achevé leurs métamorphoses. Et remarquez que pendant tout ce temps cette bonne mère ne sort pas de l'eau, bien qu'elle soit un animal terrestre.

Quel exemple ! Voyez-vous nos belles dames se collant leurs nouveau-nés dans le dos comme un sinapisme et quittant bals, concerts et spectacles, pour aller à l'établissement de bains le plus voisin se plonger dans une baignoire et y rester plusieurs mois !

Voilà pour former de bonnes mères. Maintenant, pour ce qui touche l'amour paternel, la Société d'encouragement au bien ne trouvera jamais rien de mieux que le *crapaud accoucheur*. Je ne plaisante pas, c'est son nom scientifique.

Celui-là, je le dis à la gloire de ma patrie, est français. A l'inverse du *pipa,* c'est la femelle qui fait porter ses œufs par le mâle, non pas sur le dos mais sur les cuisses, et il les porte ainsi jusqu'à ce que les petits soient prêts à éclore : alors il cherche quelque eau dormante et s'y plonge ; les œufs se fendent aussitôt et le jeune têtard sort. Ce batracien sage-femme est commun dans les lieux pierreux des environs de Paris.

C'est ainsi que la morale, imitant dans ses manifestations inattendues l'inépuisable variété de la nature, nous montre dans le crapaud accoucheur un père se faisant, du plus saint des devoirs, le plus touchant des caleçons !

Il est intelligent et affectueux. Les annales de l'histoire des crapauds offrent à l'admiration des races futures la biographie du crapaud célèbre que M. Arscott, citoyen anglais, éleva et conserva pendant trente-six ans, et qui venait quand on l'appelait, ce que Jean de Nivelle n'a jamais pu obtenir de son chien. Sa surprenante intelligence ne s'arrêtait pas là, et il venait aux heures des repas sans qu'on eût besoin de l'appeler !

Au reste j'ai vu des grenouilles savantes qui faisaient le trapèze, sautaient à travers un petit cerceau tendu de papier, se tenaient sur un petit cheval de bois, les pieds dans les étriers et les rênes en main. Jugez ce qu'on obtiendrait des crapauds si on songeait à utiliser leur intelligence incomparablement plus vaste que celle de la grenouille.

Le crapaud est patient et résigné. Sous ce rapport il n'y a pas de saint ni de héros à qui il ne puisse en remontrer, car des faits scientifiquement établis montrent qu'il supporte, sans laisser échapper le plus léger signe d'impatience, une reclusion qui dure parfois plusieurs siècles.

En 1719, M. Hubert, professeur de philosophie à Caen, manda à M. Varignan qu'on venait de trouver dans le tronc d'un très gros orme un crapaud vivant, quoique l'arbre fût absolument sain.

Dans les *Mémoires de l'Académie,* il est fait mention d'un crapaud trouvé dans le cœur d'un chêne de quatre-vingts ou cent ans.

En 1771, dans le mur d'un des châteaux du duc d'Orléans, on trouva encore un crapaud vivant dont les pattes étaient prises dans la maçonnerie, preuve qu'il avait été empâté là au moment de la construction. L'Académie des sciences, voulant contrôler le fait, fit placer trois crapauds dans des boîtes pleines de plâtre gâché. On les y laissa depuis le 24 janvier 1772 jusqu'au 7 avril 1773. A l'ouverture des boîtes, on brisa la masse de plâtre et on trouva un crapaud mort et les deux autres vivants.

Tous ces faits-là courent les livres d'histoire naturelle.

M. Claude Bernard, voulant se rendre compte de la valeur que pouvaient avoir des faits si positivement affirmés, a enfermé un crapaud dans un vase poreux, clos, entouré de terre saturée d'humidité, pour que l'animal ne fût soumis à aucune action desséchante. Ce vase était placé dans le sol, à une certaine profondeur et abrité de manière à ce que la température en restât à peu près constante. Au bout d'un an, exhumation du crapaud, qui n'avait point cessé de vivre. La seconde année il vivait encore malgré ce jeûne si prolongé, mais il était considérablement amaigri. A la troisième exhumation il était mort, mais il était peut-être mort accidentellement. L'hiver, plus rigoureux que les précédents, avait permis à la gelée de pénétrer plus avant dans la terre, et le crapaud avait été saisi par le froid.

M. Claude Bernard remarque d'ailleurs que si des crapauds ont été trouvés morts dans des masses de plâtre où on les avait enfermés, c'est que cette substance, avide d'eau, avait desséché les organes de ces animaux et les avait fait ainsi périr. Quoi qu'il en soit ce savant tire de ses expériences la conclusion que le crapaud peut supporter des jeûnes bien plus longtemps que les animaux à sang chaud, car un oiseau, par exemple, meurt de faim en deux ou trois jours.

D'un autre côté on va plus loin, et on assure qu'il aurait été trouvé des crapauds pleins de vie dans l'épaisseur de blocs de rocher, au moment où on les détachait de la carrière. Si les crapauds ainsi trouvés n'ont pas pénétré là par quelque fente bouchée plus tard, ils y seraient depuis la formation de la roche. Ce seraient des crapauds antédiluviens, âgés de quelques millions d'années comme les couches dont ils seraient les contemporains.

Enfin j'ai dit que le crapaud est beau. Ça c'est le plus fort, et cependant c'est aussi vrai que tout ce que je vous ai déjà appris. Pour mon compte j'en ai vu dont les teintes jaunâtres, bleuâtres et violacées, avaient tout l'éclat de certaines fleurs chinoises ou de certaines joues de buveurs apoplectiques.

Je tiens d'une des femmes les plus éminentes de l'Angleterre que les yeux du crapaud sont d'une merveilleuse beauté. Je l'affirme donc, quoique je n'aie pas eu le temps de vérifier le fait.

« Aux yeux d'un observateur sans prévention, dit le savant M. Blanchard dans son *Buffon de la Jeunesse*, les crapauds ne sont pas si laids; il y en a qui ont de belles couleurs et dont les teintes offrent des reflets admirables, selon les différents aspects de la lumière. »

A la bonne heure! voilà comme j'aime les savants, rendant justice à toutes les bêtes, grandes ou petites, populaires ou impopulaires. Le crapaud est impopulaire comme toutes les natures simples, chastes et rêveuses.

Pour moi, ainsi que je vous le disais en commençant, lorsque après une longue séparation, après les âpres travaux et les plaisirs factices de l'hiver parisien, je retourne aux champs qu'il habite, j'aime à le retrouver.

Le soir, de ma fenêtre, j'entends son petit cri doux et mélancolique :

— Hîoûoû ! Hîoûoû ! Hîoûoû ! — résonner comme un grelot au milieu du silence de la campagne. Je sors par la petite porte du jardin, je monte sur le coteau, je m'avance au hasard, enjambant à travers les vignes, les maïs et les terres labourées.

Dans l'immensité calme qui m'entoure, dans les nuages rosés du couchant, dans les lointains voilés de brume où les masses sombres des grands bois s'effacent en se confondant avec les montagnes, je cherche en vain ces êtres mystérieux, dieux et déesses, faunes, sylvains et hamadryades, dont l'imagination des païens peuplait autrefois toute la nature; en vain j'évoque ces génies gracieux ou redoutables, rêves menteurs des peuples enfants qui vinrent tour à tour répandre leur âme sur le monde : tous ces fantômes se sont évanouis sans laisser d'autre vestige que le souvenir des maux sans nombre qu'ils ont fait souffrir à l'espèce humaine.

J'abaisse mes yeux : à mes pieds, sautillant humblement à travers les brins de chaume et les mottes de terre, un pauvre petit animal s'en va sous le regard de Dieu, obéissant, humblement et sans le savoir, au plus doux et au plus généreux des maîtres, buvant la vie et bénissant à sa manière l'Être inconnu qui la lui donne. Et tandis qu'autour de lui l'ingratitude ignorante des hommes le méprise et le poursuit pour lui donner la mort, il fait plus de bien en une minute à l'espèce humaine que toutes les mythologies et toutes les superstitions ne lui en ont fait en vingt siècles.

Son nom est un symbole de laideur et de dégoût, mais qu'importe? Il est une des créatures du seul Dieu qui puisse dire, par sa parole et par ses œuvres : JE SUIS LA LUMIÈRE, LA VÉRITÉ ET LA VIE.

LES MOUTONS DE PANURGE

« Soubdain, ie ne sçay comment, le cas feut subit, ie n'eus loisir le considérer. Panurge, sans aultre chose dire, iecte en pleine mer son mouton criant et bellant. Tous les aultres moutons, crians et bellans en pareille intonation, commencearent soi iecter et saulter en mer apres a la file. La foule estoyt a qui premier y saulteroyt apres leur compaignon. Possible n'estoyt les en garder. Comme vous sçauez estre du mouton le naturel tousiours suyure le premier, quelque part qu'il aille. Ainsi le dict Aristoteles, *lib. IX de Histor. anim.*, estre le plus sot et inepte animant du monde. Le marchant, tout effrayé de ce que deuant ses yeux perir voyoit et noyer ses moutons, s'efforceoyt les empescher et retenir de tout son pouoir. Mais c'estoyt en vain. Tous à la file saultoyent dedans la mer et perissoyent. Finallement, il en print un grand et fort par la toison sur le tillac de la nauf, cuydant ainsi le retenir, et sauluer le reste aussi consequemment. Le mouton feut si puissant qu'il emporta en mer avec soy le marchant, et feut noyé, en pareille forme que les moutons de Polyphemus, le borgne cyclope, emportarent hors la cauerne Ulysse et ses compaignons. Autant en feirent les autres bergiers et moutonniers, les prenant ungs par les cornes, aultres par les iambes, aultres par la toison. Lesquelz tous feurent pareillement en mer portez et noyez miserablement. » (Rabelais, *Pantagruel*, Liv. IV, Ch. VIII.)

Voilà l'histoire : elle est vieille comme le monde, et pour ceux qui la savent comme pour ceux qui ne la savent pas, les « moutons de Panurge » sont passés en proverbe : ils appartiennent dès lors et ont appartenu de tout temps à la zoologie morale. Car bien que cette espèce n'ait pas d'existence physique, elle existe incontestablement en tant qu'idée, et les moutons de Panurge sont des animaux intellectuels ou psychologiques au même titre que le sphinx, que la bête noire et que tant d'autres, créés de toutes pièces par l'imagination des hommes et que nous avons pu étudier avec le plus grand sérieux du monde.

La vie n'est qu'une réédition continuelle de toutes les choses créées ; la nature s'imite perpétuellement elle-même : elle ne se lasse pas de faire se succéder sans relâche des être semblables entre eux ; elle les joint et les multiplie par le lien de la génération, elle les réunit par des rapports de parité ou d'analogie, elle les entrelace et les tisse dans un réseau de nécessités réciproques hors desquelles aucun d'eux ne pourrait subsister, et ainsi reliés entre eux par la force des choses, elle les pousse encore les uns vers les autres afin qu'à toute heure et en tout lieu ils se désirent, se recherchent, se suivent, se rassemblent.

Imitation et attraction, telle est la loi suprême qui gouverne toutes les créatures.

Et voilà pourquoi l'histoire des moutons de Panurge, où nous voyons cette loi se manifester dans toute son effroyable puissance, appartient à la zoologie morale.

Je vous dis qu'ils mènent le monde, ces moutons-là, et non pas seulement le monde physique, mais le monde moral. L'homme n'a pas une idée, ne fait pas un acte, qui ne soit le résultat de la contrainte irrésistible que les moutons de Panurge exercent sans relâche sur son corps et sur son âme. Par eux il pense, par eux il sent, par eux il veut, par eux il délibère, juge et se décide; et il n'est pas jusqu'à cette foi robuste en sa propre liberté que cet esclave ne doive à ces maîtres tout-puissants.

Depuis le commencement des temps, chacun des nouveau-nés venus au monde a poussé le même cri, et le dernier soupir de chacun des hommes qui sont morts s'est toujours exhalé de même. Pas une seule fois l'enfant qui cherche à parler n'a manqué de balbutier les mêmes sons et de chanceler de même en essayant ses premiers pas. Le même éblouissement de la vie a rayonné devant les yeux de chaque adolescent; tous les cœurs qui ont aimé sur cette terre sont venus les uns après les autres s'enflammer au même foyer; ils ont brûlé du même feu, et les cendres des amours éteintes, également légères, se sont également dispersées au souffle des mêmes vents.

Pour peu qu'on veuille considérer attentivement les actes de l'homme, on en voit la plus grande partie influencée, dominée et conduite, par ceux des autres hommes.

Sa nourriture, son vêtement et tous les besoins matériels de la vie, il les attend de l'industrie de ses semblables; ses vertus, il les demande à l'exemple; sa foi, son culte, son histoire, lui viennent par tradition; ses vices, comme ses maladies, par contagion et par la même hérédité qui lui transmet les biens de ses ancêtres.

Enfant, il faut tout lui enseigner; homme, sa science est de connaître ce qui est; son art, de représenter l'image des choses; sa sagesse, de se conformer à sa propre nature; sa religion, de continuer à croire ce que d'autres ont cru avant lui. Son génie se fait de travail, son imagination, de mémoire, son rêve, de réalités. Il croit concevoir, il interprète; il croit inventer, il découvre; il croit créer, il exécute. Incapable de rien changer à l'ordre irrésistible des choses, l'homme ne peut continuer d'être qu'à la condition de s'y soumettre, de s'y cramponner, de mouler toutes ses idées et tous ses actes à l'empreinte de la nature.

Dans ses travaux, dans ses institutions et dans ses établissements, l'analogie, la proportion et le nombre, servent de plan à toutes ses œuvres. Les produits de son industrie sont fabriqués sur des modèles invariables; ses habitations et ses monuments sont des entassements réguliers de pierres pareilles dans un ordre symétrique; ses plaisirs, ses fêtes, ses cérémonies et son culte, reviennent périodiquement avec le cours des saisons et des astres; des personnages uniformément vêtus, rangés par files ou par groupes, s'y rassemblent en cortège et marchent du même pas en répétant en chœur des chants qu'ils ont appris de leurs ancêtres et que rediront leurs derniers neveux. La musique, la danse, la poésie, ne sont que des répétitions rythmiques de mouvements, de sons et de paroles toujours les mêmes, diversement combinés.

Déjà, dans ses actes isolés et personnels, il est obligé de se conformer constamment à l'opinion et à la volonté commune : c'est ce qu'il appelle la loi. Mais son intérêt, pour peu qu'il devienne grave, se lie aux intérêts généraux, et c'est ainsi que la justice, l'administration, le gouvernement et les relations de peuple à peuple, englobent progressivement l'indépendance de chaque individu. Plus l'homme avance dans la vie, plus le sentiment de sa subordination se fait sentir à lui, et toutes les résolutions importantes, tous les actes graves de la vie privée ou publique, se décident et s'accomplissent en réunion. On se rassemble pour tout : pour voir naître un enfant; pour célébrer un mariage; pour ensevelir un mort; pour rendre la justice; pour marcher au combat; pour prier Dieu.

Liée au réseau de la vie universelle, la vie de l'homme n'est en réalité qu'une série de phénomènes collectifs, car pour lui comme pour tous les êtres, dans cet univers où rien ne saurait exister ni même se concevoir isolément, l'individu ne subsiste pas par lui-même. Que dis-je ? il ne consiste pas en lui-même, puisqu'il lui faut le concours de la nature entière pour se maintenir hors du néant.

Aussi, dans tout ce qu'il pense, dans tout ce qu'il fait, le souci éternel de l'homme est de recueillir, de rapprocher, des choses semblables, de les multiplier par son travail, de les conserver, de les épargner, pour les transmettre à ses contemporains ou à ses descendants.

Familles, tribus, nations, camps, villes, alliances et sociétés de toutes sortes, il ne se lasse pas de former et de resserrer ces groupes où son isolement devient union, où sa faiblesse devient force.

Et dès que les hommes sont ainsi rassemblés, ne voyez-vous pas que leurs corps pressés, leurs âmes qui s'entrelacent, forment vraiment une sorte de monstre à mille têtes où s'engloutit et s'efface la personne humaine ?

Quand des groupes se forment, se rapprochent, s'unissent ; que peu à peu une même pensée germe et se propage par traînées rapides ; que le flot des têtes et des cœurs commence à frémir, puis ondule, puis se soulève, et qu'enfin un seul cri part à la fois de toutes les poitrines ; quand un orateur, saisissant par degrés toutes les âmes, les maîtrise, leur impose sa volonté, les force à sentir et à penser comme lui-même ; quand, sur le théâtre, un seul acteur, d'un mot ou d'un cri, fait éclater de rire ou fondre en larmes toute une salle ; quand l'artiste, d'un peu de marbre ou d'un peu de couleur, sait faire la source éternelle d'une même idée ou d'un même sentiment, comment un seul homme en pourrait-il ainsi dominer tant d'autres, si quelque force mystérieuse n'était là derrière lui pour lui prêter ce pouvoir ?

Voulez-vous savoir ce qu'il advient des hommes quand cette force terrible les enlève et les emporte ? Voyez-les en proie au plaisir, à la douleur, à la crainte, à la colère, à l'enthousiasme, au carnage. Leurs yeux étincellent, leurs bras s'agitent, ils poussent des cris, passent en un instant du rire aux larmes, de l'abattement à la fureur ; ils vont, viennent, bondissent, tombent ; parfois ils se roulent à terre en s'arrachant les cheveux, ils se poursuivent, ils se saisissent, s'étranglent et se dévorent les uns les autres comme des bêtes féroces.

Quoi ! ce faible cœur de l'homme pourrait suffire lui seul à tant de fureurs ! Vous ne le croyez pas. Vous voyez bien que pour le mettre ainsi hors de lui-même, pour lui faire oublier en un instant ses intérêts les plus chers et ses besoins les plus pressants, il faut que quelque chose de supérieur à lui-même l'enlève à sa propre volonté et le force à se jeter où il faut qu'il aille.

Oui, à travers ces tempêtes de cris de joie, de douleur ou de colère, qui s'élèvent au-dessus de nos fêtes ou de nos batailles, quiconque saura prêter l'oreille entendra gronder comme un sourd tonnerre le bêlement des moutons de Panurge !

LE PARESSEUX

C'est tous les jours fête pour la zoologie morale : autant il lui passe de bêtes par les mains, autant de fois elle y trouve une occasion de faire voir que tout est pour le mieux dans le plus beau et le plus intelligent des mondes possibles.

C'en serait assez déjà pour rendre heureux les aimables disciples qui, de leur chaise-longue ou de leur fauteuil, suivent de loin mon enseignement et sourient aux efforts que je fais pour les initier aux véritables beautés de la nature, beautés trop souvent méconnues par les savants, quand encore ils ne les prennent pas pour des laideurs.

Le paresseux est un exemple de ces bévues où excelle leur ignorance toujours infatuée d'idées préconçues et fausses.

M. de Buffon n'a pas craint de nous représenter le paresseux comme un souffre-douleur, comme une victime, comme une maladresse, de cette même nature dont, en cent autres pages de ses livres, il nous a vanté l'infaillible sagesse.

Mais la science a marché, les faits ont renversé les

théories, et de toutes les réhabilitations qui ont été accomplies au nom de la raison et de la vérité, il en est peu d'aussi éclatantes que celle du paresseux.

Remarquez que ce n'est pas en fermant les yeux, mais en les ouvrant tout grands sur les prétendues bizarreries et imperfections de cet animal, qu'on arrive à le juger tel qu'il est.

Je ne chercherai pas à l'excuser de ce qu'il est difforme, lent, dégingandé ; de ce que ses membres sont dépareillés au point que pour avancer il lui faut marcher sur les coudes ; de ce que ses cuisses trop écartées ne lui permettent pas de rapprocher les genoux ; de ce que ses pieds, articulés de travers sur les jambes, ne peuvent se poser à plat sur le sol. Au contraire : je le louerai de tout cela, je l'en féliciterai, à la fois pour son bonheur et pour la gloire de l'ouvrier sublime qui a conçu et exécuté ce chef-d'œuvre : car loin d'être une erreur de la nature, le paresseux en est un des chefs-d'œuvre.

Voilà ce que c'est que les classifications lorsqu'on les complique de la théorie des causes finales. On a classé le paresseux parmi les quadrupèdes, et puis on l'a mis à terre et on lui a fait passer son examen de quadrupède. Il l'a très mal passé, il s'est montré mal tourné, lent, maladroit, incapable, et il a même poussé des gémissements de douleur pour témoigner son ennui : on l'a flétri, on l'a baptisé d'une injure, et on a profité de l'occasion pour injurier le bon Dieu en l'accusant de négligence ou de malveillance.

Mais le bon Dieu, lui, ne connaît pas les classifications : les hommes ont beau prétendre que le paresseux est un quadrupède et que comme tel il doit marcher, sauter avec aisance et satisfaction lorsqu'il est à terre, peu importe au bon Dieu, qui ne s'est occupé que d'une chose : faire un animal qui vive sur les arbres et qui y vive dans les meilleures conditions possibles.

Je répète que, considéré à ce point de vue, le paresseux est un chef-d'œuvre, car tout en lui est disposé à cette fin. Sa tête est dirigée suivant l'axe du corps, et il a, seul de tous les mammifères, sept vertèbres au cou : cela lui donne des facilités exceptionnelles pour atteindre dans toutes les directions les feuilles des arbres qui font sa nourriture exclusive. Ses muscles fléchisseurs ont une puissance extrême, parce que ce sont ceux qui lui servent à grimper : par suite, la nature, qui ne fait rien d'inutile et qui économise l'organisation tant qu'elle peut, a laissé les muscles extenseurs du paresseux relativement faibles, pensant avec raison que le muscle, qui est un domestique pour le corps, ne doit pas être nourri de même lorsqu'il n'a rien à faire que lorsqu'il fait toute la besogne : ces muscles sont ceux qui servent à la marche, et voilà pourquoi le paresseux marche mal.

Or c'est précisément parce qu'il n'est pas fait pour marcher, que sa maladresse à le faire est une preuve de la sagesse du Créateur.

La théorie des causes finales a du bon, mais à condition qu'on aura commencé par prendre un animal dans les conditions où la nature a entendu le faire vivre, et à condition encore qu'on aura étudié sans aucune idée préconçue l'organisation de cet animal. Faute de cela on s'expose à dire sottise sur sottise.

Aussi les véritables savants en sont-ils arrivés, de nos jours, à isoler absolument chacun des faits qu'ils observent, sans se préoccuper des liens qu'il peut avoir avec d'autres faits même contigus.

J'ai eu un jour l'honneur de causer des principes généraux des sciences avec l'illustre Claude Bernard, et j'ai retenu de cette conversation un mot qui pourrait servir de lumière et de précepte à tous les hommes qui abordent l'étude des choses avec des idées préconçues sur les relations qu'elles peuvent avoir entre elles :

« Prétendre reconnaître les relations de cause ou d'effet entre des phénomènes différents est une entreprise vaine : chaque phénomène se comporte individuellement et vit pour son propre compte. »

Ces derniers mots m'amènent à considérer maintenant le paresseux au point de vue plus étendu et plus intéressant encore de la zoologie morale.

Là, grimpé sur son arbre et n'en descendant jamais que quand il n'y a plus laissé une feuille, le paresseux va nous apparaître à une grande hauteur : trente mètres ! C'est la hauteur où s'élève le bois-trompette, son arbre favori. Il est dans son élément, il y règne, il s'y accroche, et dédaignant les insultes ignorantes des savants officiels, il jouit, dans une sécurité complète et dans une liberté sans nuage, de cette vie de poète et de rêveur dont, seul peut-être dans la nature, il a le privilège.

Abrité, par le feuillage épais de son arbre, des ardeurs du soleil, il voit s'agiter à ses pieds les misérables quadrupèdes qui ne peuvent gagner leur vie qu'à la sueur de leur front, au prix de mille fatigues et de mille dangers. Uniquement occupé du soin de sa nourriture et doué, comme un ruminant, de quatre estomacs pour mieux la digérer, il passe son temps à choisir de son fin regard de gourmet les feuilles les plus tendres et les plus délicates, à calculer comment il pourra y arriver avec le moins de peine possible. Et alors, quand son menu est bien arrêté d'avance, il pousse un petit cri de satisfaction, avance une griffe, puis une autre, et en quelques minutes il se trouve sur une branche où son dîner l'attend tout servi. Il mange alors lentement, amoureusement, jusqu'à ce que ses quatre estomacs soient bien remplis. Le soleil se couche, le chant des oiseaux se tait par degrés; la lune se lève, la brise du soir commence à souffler, et le paresseux, bercé aux balancements de l'arbre qui s'agite, penche la tête, abandonne son corps allangui, et s'endort en rêvant à ses feuilles et à ses amours.

Car il aime, lui aussi, et si je ne craignais d'évoquer à vos yeux des images dangereuses, je vous dépeindrais ces amours aériennes, où les hardiesses du clown et de l'équilibriste viennent ajouter leurs dangers et leur prestige aux heureuses audaces de l'amant. Je vous raconterais les péripéties de cette cour vertigineuse et interminable où, après avoir pendant un mois ou deux dévoré les unes après les autres toutes les feuilles d'un arbre, la paresseuse, lâchant tout, se laisse tomber comme une masse ; comment le paresseux, se décrochant à sa suite et suivant la même verticale, se précipite sur elle avec un élan d'amour centuplé de toutes les forces de la gravitation terrestre. Pensez un peu ce que doit être un pareil baiser tombant comme la foudre d'une hauteur de trente mètres !

Mais je m'arrête : il me suffit de vous avoir fait entrevoir cet épilogue du drame pour vous montrer comment, même dans ses amours, le paresseux a été marqué de ce cachet particulier que Dieu imprime à ses privilégiés, leur donnant tantôt la force, tantôt la grâce, tantôt l'intelligence, tantôt la sagesse, et tantôt enfin, comme au paresseux, la fainéantise pure et simple.

Comme si, entendant réserver à sa toute-puissance jusqu'au droit de la fantaisie et du paradoxe, il avait voulu montrer aux hommes qu'au travers de cette mêlée furieuse de travail et de combat qui semble être toute la vie, il est bon qu'il se trouve, sur les hautes cîmes de l'arbre de l'idéal, quelques branches où nous autres rêveurs et fantaisistes, qui ne pouvons pas marcher sur la réalité sans nous blesser et sans nous plaindre, nous puissions rester accrochés en paix, à manger des feuilles, à entendre chanter les oiseaux, à boire les rayons du soleil et à rien faire !

LE GRILLON

La soirée s'avance, la dernière flamme du foyer pâlit, chancelle et va mourir. La braise, tout à l'heure onduleuse et moirée comme un lac de feu, est devenue terne et sombre; les pointes rouges des charbons ardents s'éteignent sous la cendre.

Au dehors le vent fait rage; il secoue les branches des arbres, arrachant les dernières feuilles, qu'il emporte à travers la nuit dans ses rafales; il tournoie autour de la maison; la girouette crie, les contrevents claquent en battant les murs, les vitres grincent dans leurs châssis ébranlés, et de toutes les jointures des portes et des fenêtres sortent des hurlements et des soupirs lamentables.

Je suis seul, et tandis qu'au dehors la nature se plaint et meurt, je contemple tristement ce foyer presque éteint, qu'en d'autres temps j'ai vu si brillant et si joyeux.

Lorsque mes yeux se sont ouverts au spectacle de la vie, c'est là que j'ai vu pour la première fois briller une flamme. C'est là que, tout petit, je réchauffais mes mains lorsque je revenais de jouer dans la neige.

Là, sous le manteau de la cheminée, sur la boîte à sel, je vois encore le vieux berger.

Tout le long de l'année il était silencieux; il regardait brûler le feu. Il avait connu tous les mystères de la nature, il avait eu des recettes magiques pour conjurer le sort, il avait suivi tous les astres dans leur cours et compté toutes les étoiles du firmament.

Depuis de longues années il ne parlait plus : seulement, le soir de Noël, quand la bûche bénite commençait à flamber, sa langue se déliait, et de sa voix cassée il chantait « la chanson du petit Jésus ». Ce soir là nous osions lui parler, nous nous approchions de lui les uns après les autres, et nous lui disions ces seuls mots :

— Te souviens-tu de Rose?

Rose était morte depuis bien longtemps. Il l'avait aimée. A chacun de nous il souriait en disant :

— Elle était bien belle !

Et jusqu'à la Noël suivante il ne parlait plus.

Voici le grand fauteuil où mon père s'asseyait chaque soir après le repas. J'allais me nicher entre ses jambes, sur ce petit banc de bois; il me caressait les oreilles et les joues, il passait les mains dans mes cheveux, ou bien il me prenait le cou et le menton en murmurant :

— Comme c'est doux !

Et il se penchait avec effort pour me baiser au front, et moi je cachais en riant ma tête entre ses genoux.

Le chien était toujours là, sur cette pierre, tantôt couché en rond, tantôt accroupi, la tête penchée, rêvant.

Autour de cette table, ma mère et mes petites sœurs

travaillaient à des ouvrages modestes et simples comme notre vie; de temps en temps on entendait un cri de joie, un éclat de rire argentin ou le bruit d'un baiser.

Les années passèrent. Ma mère avait perdu sa jeunesse, mon père avait vieilli, le vieux berger était mort.

Cependant mes sœurs avaient grandi, j'étais devenu un homme, et peu à peu les espérances et les joies de ces jeunes avenirs commençaient à faire fleurir le renouveau de la vie.

L'amour frappait à la porte : les cœurs s'ouvrirent, et pendant quelques beaux jours il fut le roi de la maison. Les voisins, les parents et les amis, allaient et venaient tout joyeux, apportant des bénédictions et des fleurs pour les fiancés. Bien des fois, pendant ces temps heureux, les broches chargées de gibier ont tourné devant les grandes flambées de fagots, tandis que, formant le cercle autour du feu, nous racontions les prouesses de la chasse du jour.

La maison fut bien gaie le soir des noces, mais bien triste le lendemain, quand après un repas où aucun de nous n'avait prononcé une parole, nous nous retrouvâmes seuls, mon père, ma mère et moi.

Le devoir et le travail vinrent à bout de nous consoler cependant : nous prîmes patience, et un jour, le jour de mon mariage, nous vîmes le bonheur et la grâce revenir s'asseoir à notre foyer.

Tout nous souriait, tout semblait renaître pour de longues espérances. Hélas! désormais les minutes de notre bonheur étaient comptées : un hôte qui depuis bien longtemps semblait avoir oublié le chemin de la maison entra un soir et s'assit au chevet de mon père.

Mon père mort, ma mère le suivit.

Peu de temps après... ELLE aussi !...

Et, maintenant je suis seul. Le temps et la mort ne m'ont rien laissé.

De ce grand feu qui t'illuminait tout à l'heure, vieille cheminée, il ne reste plus qu'un peu de cendre et un tison qui va s'éteindre. Un léger filet de fumée s'élève lentement le long de la plaque noire; il semble emporter dans le vide et dans l'ombre où il se perd tous les souvenirs de mon bonheur évanoui ; et dans chaque étincelle qui s'élance je crois voir passer les âmes de ceux que j'ai vus autrefois, à cette même place, si pleins de vie.

Toi tu demeures; le temps ni les flammes ne peuvent rien sur toi, et tu vois naître et mourir les hommes comme tu vois s'allumer, brûler et s'éteindre, le bois qui se consume dans ton foyer. Il ne t'en reste que des cendres, car tu n'es que pierre : moi, malheureux, qui ai une âme, je garde, hélas ! les souvenirs.

— Crrrrrîîîî ! Crrrrrîîîî ! Crrrrrîîîî !

O petite bête bénie, chante encore, chante toujours !

Le foyer se ranime, la maison s'éclaire; tous ceux que j'ai aimés, les voilà, ils sont devant moi !

J'entends les cris de bonheur, les baisers, les chansons; une bande joyeuse, musettes et violons en tête, force la porte, envahit la salle, tourne et danse autour de la table : je reconnais là tous les amis et tous les souvenirs de ma jeunesse.

Ah! voici mes amours! C'est donc toi, ma bien-aimée?

— Mon père! viens, je vais me remettre entre tes genoux; tu me caresseras comme autrefois.

Et le vieux berger qui a repris sa place accoutumée!

Et mon pauvre chien qui me lèche!

Flambe! flambe! vieille cheminée; réchauffe mon cœur et réveille les morts!

Et toi, âme du foyer, chante, grillon!

SPHINX

Elle a le corps d'un lion, la tête et la gorge d'une femme, les ailes d'un ange. Elle est femelle jusqu'à la poitrine, mâle de la croupe, et son cœur se partage, tour à tour animé des fureurs du monstre et des grâces de la jeune fille.

Cet être charmant et affreux a toutes les séductions et toutes les épouvantes ; l'amour sourit sur son visage et la mort menace dans ses griffes, tandis que les battements de ses ailes semblent caresser l'idéal. Invisible et toujours présente, tantôt elle rampe devant nous comme un chien soumis, tantôt elle plane en tournoyant au-dessus de nos têtes, d'un vol silencieux et menaçant comme celui du vautour. Parfois, voluptueuse et pantelante, elle se roule, se love, avec des enchantements mortels ; parfois, se dressant debout et appuyant ses deux pattes sur nos épaules, elle plonge ses yeux dans nos yeux et elle nous flaire.

Tout ce qui paraît et qui trompe, qui commence et qui ne finit pas, qu'on cherche et qu'on ne trouvera jamais, qu'on poursuit et qui échappe ; tout ce qui est espérance sans avenir, rêve insensé ; tout ce qui est impossible et qui rend fou de désir, est rassemblé dans cette créature terrible qui commence par une courtisane et finit par une bête fauve.

Quand une fois elle s'est attachée à l'un de nous, elle ne le quitte plus. S'il marche, elle le suit, volant en cercle et le tenant enveloppé dans la spirale invisible que ses ailes tracent autour de lui; s'il s'arrête, elle se pose à ses pieds, le fascinant de ses grands yeux, et elle attend; s'il dort, elle se traîne, en s'accrochant de ses griffes, jusqu'à sa gorge; elle aspire le souffle de l'homme endormi, et dans le vide qu'elle a fait elle pousse son haleine peuplée de songes menteurs.

Imperturbable comme le mystère et incohérente comme le rêve, elle se change, se varie, se transforme, se dérobe; tantôt pâlit et s'efface comme une vapeur, tantôt se condense, s'anime et se tord, chaude et vivante de toutes les réalités et de toutes les séductions de la chair.

Le corps de cet être incertain n'a ni proportion ni mesure; il n'est jamais ce qu'il semble, il paraît toujours ce qu'il n'est pas : invisible, lorsqu'il devient énorme, monstrueux, lorsqu'on croit le voir se réduire à rien. A la fois présente et absente en même temps, Sphinx nous poursuit et nous échappe, fait le vide autour de nous et nous étouffe; quand elle nous étreint elle nous manque et nous la cherchons, et nous n'en sommes jamais plus obsédés que quand elle nous abandonne.

Je l'ai vue : elle m'apparaît souvent; présente ou

absente, son image reste toujours gravée devant mes yeux. Femme et lion tout ensemble, elle inspire d'abord et du même coup le désir et la terreur : mais à mesure qu'elle approche, à mesure qu'on voit se développer l'harmonie bizarre et la grâce effroyable de ce beau corps ; à mesure que le regard se promène de la femme à la bête féroce et de la bête féroce à l'ange, l'âme chancelle et recule, attirée et repoussée comme au bord d'un abîme.

La première fois que je la vis, ce fut au temps de mon adolescence. C'était un jour de printemps : les vents, chargés de moites haleines, soufflaient l'amour ; les herbes frissonnaient sous la brise, éclatantes de verdeur printanière ; les bourgeons luisants et pourprés, échauffés par le soleil et gonflés par la sève, s'entr'ouvraient, laissant déborder les pousses tendres et vigoureuses de la feuillée nouvelle. Les nuages flottaient mollement dans l'azur du ciel ; les chants, les voix et les bruits, des créatures vivantes s'élevaient comme l'immense accord de toutes les jeunesses et de toutes les espérances de l'univers ; la lumière du jour avait des éblouissements magiques ; l'air qui caressait mon front et mes joues y portait d'étranges ardeurs, et la terre, comme soulevée par le souffle de la vie, semblait respirer sous mes pas.

Moi-même, emporté à cette ivresse de toute la nature, je m'en allais, le cœur en désordre, l'âme éperdue. Le spectacle et les souvenirs des choses de la vie se troublaient à mes yeux comme un rêve ; entre le monde et moi il me semblait voir passer une nuée, mais une nuée qui montait et allait bientôt se dissiper. De tout ce que j'avais cru savoir, connaître ou aimer jusque-là, il ne me restait que l'oubli, le doute, et une angoisse délicieuse. Je cherchais, j'appelais, je sentais venir...

Elle vint.

J'étais sous une longue allée dont quelques rayons de soleil tachetaient de place en place l'ombre épaisse. De l'extrémité de l'avenue, sous l'arceau de lumière ouvert au fond de cette voûte sombre, je vis un point noir paraître, grossir et s'avancer. Comme dans une fantasmagorie, je voyais l'apparition rayonner, s'éclairer, s'élargir, et prendre enfin un visage, un corps et des ailes. Plus rapide qu'un cheval au galop, en quelques secondes elle était sur moi. Je m'arrêtai, je fermai les yeux, et je serrai mon cœur à deux mains. Je la sentais tourner autour de moi, et le souffle de ses ailes frôlait mon visage, embaumant de parfums puissants l'air que je respirais.

Il se fit un silence, et une voix, douce comme un roucoulement de tourterelle et profonde comme un rugissement de lionne, prononça mon nom! J'ouvris les yeux.

Elle était couchée à mes pieds. Elle avait replié ses pattes sous sa poitrine, et ses ailes à demi ouvertes ne laissaient voir de son corps que la tête et la gorge nue d'une jeune femme.

La force, la volonté, l'ironie cruelle et la grâce souveraine, s'entremêlaient dans l'effrayant assemblage de ses traits à la fois larges et aigus. La masse tourmentée de son front, partagée au milieu par un sillon droit, débordait sur l'arcade sombre au fond de laquelle on voyait luire ses yeux. Ni l'acier, ni la flamme, ni le velours, ne pourraient donner une idée de ce que ce regard avait d'éclairs, d'ardeurs et de caresses. Ses yeux, inclinés en avant, étaient frangés d'un voile de cils bruns, et leur large prunelle, ouverte en fente allongée, tantôt brillait des reflets fauves de l'or, tantôt flamboyait des lueurs sinistres du phosphore. Ses lèvres, d'un pourpre vif, s'écartaient en un indéfinissable sourire et laissaient entrevoir, aux coins de la bouche, quatre petites dents blanches, aiguës et recourbées en griffe, sur lesquelles on voyait passer de temps en temps la pointe de sa langue rose.

A son encolure moitié féminine et moitié bestiale se dressait une crinière fauve mêlée de noir, qui s'assouplissait, s'allongeait en montant, et venait rouler sur son front en ondes tumultueuses; deux mamelles palpitantes se dressaient sur sa poitrine; autour de ses épaules et sous sa gorge, le pelage de la brute venait expirer en mordant sur la chair de la femme.

A demi ouvertes et la couvrant comme un manteau de fée, ses grandes ailes, resplendissantes et diaprées de tout ce que les oiseaux, les fleurs, les métaux et les pierreries, peuvent rayonner de couleurs et de feux, me cachaient la vue des flancs et de la croupe du monstre.

J'étais là devant elle, muet, immobile, ne respirant plus, et ne pouvant détacher mes yeux de ce regard fixe qui me brûlait jusqu'au fond de l'âme. Elle se mit à sourire, releva lentement son corps, se dressa sur ses quatre pieds, et m'apparut dans toute la puissance de son épouvantable beauté.

Secouant sa chevelure, agitant ses ailes et fouettant l'air de sa queue, elle tournait autour de moi avec des langueurs d'amante et des voluptés de louve. Peu à peu elle élargissait le cercle, et alors, à mesure que je la voyais s'éloigner, mes bras s'ouvraient, et mes lèvres, cherchant son nom, s'agitaient pour l'appeler. Elle s'arrêta tout à coup, elle se glissa vers moi, rampante, ondulante, baissant la tête et me regardant à travers ses cheveux comme pour me demander une caresse. Arrivée à mes pieds, elle se ramasse, pelotonne sa croupe, et se levant droite le long de mon corps, elle pose ses deux griffes sur mon cœur.

Je tremblais d'épouvante et de joie.

— Qui es-tu? lui dis-je, que me veux-tu?

— Je suis ce que tu veux connaître et que tu ne sais pas : je suis LA VIE.

— Ton visage est fait pour l'amour, ton corps pour le carnage. Je voudrais t'aimer, et tu me fais peur...

— Ne crains rien : mes griffes et mes dents savent égorger l'ingrat qui me dédaigne, mais un baiser de ma bouche peut donner à celui que j'aime le bonheur d'un roi, et mes ailes peuvent l'emporter jusqu'aux régions sublimes où rayonne la gloire des dieux! Enfermée dans ces flancs de bête où mon corps seul est captif, je ne puis pas donner l'amour, je le prends. Je n'ai rien de commun avec les êtres créés par Dieu : ma vie est un flambeau allumé par l'âme humaine, et que des âmes seules peuvent alimenter. Si tu refuses de te donner à moi, tu arriveras jusqu'à la tombe sans avoir jamais connu le secret du bonheur; si tu as confiance, si tu me laisses boire ton âme, je te la rendrai pleine de science et de lumière, dans un baiser.

— Je veux vivre : prends-moi!

Elle ouvrit ses ailes, ses pieds quittèrent le sol, et elle vint en volant se placer derrière moi. Je sentis son souffle s'approcher de ma nuque, et me mordant d'un long baiser, elle me dit :

— Liberté.

Elle prit son vol et je la vis s'élever, s'éloigner et disparaître dans l'espace.

Être libre! Je me croyais le maître de la terre et l'égal du soleil. Je m'élançai dans la vie, plein de désir, de foi et d'espérance, jusqu'à ce qu'un jour, meurtri du choc de mille obstacles, abattu par les leçons sévères de la réalité, je l'appelai. Elle vint.

— Tu m'as trompé, lui dis-je, la liberté n'existe pas dans le monde : j'ai voulu être libre, et je n'ai pas fait un pas sans me heurter à un droit, à un devoir ou à une force.

Et plus je cherchais, plus je voyais clairement agir autour de l'homme et en lui-même des influences et des forces qui, comme des leviers et des rouages, soulèvent sa volonté, la mordent de leurs engrenages, et la font tourner bon gré mal gré.

— Le bonheur ne saurait être l'œuvre d'un jour, me dit-elle. Te voilà revenu de la plus dangereuse des erreurs humaines.

Alors, ouvrant ses ailes elle me laissa tomber ce mot :
— Vertu.

Le monde m'apparut éclairé d'une lumière nouvelle et tout resplendissant de justice et de vérité. Crédule comme un enfant à toutes les apparences qui se présentaient à moi, je prenais mes sentiments pour des faits, mes jugements pour des lois, et mon faible regard pour un flambeau.

Mais peu à peu, à force de tout m'affirmer à moi-même, ma sécurité me fit peur. Je voulus savoir si les autres consciences étaient aussi calmes que la mienne : je ne trouvai partout que dispute, doute et négation. Je voyais le bien devenir mal, le mal devenir bien, suivant le temps, le lieu, le cours des idées ; je ne trouvais pas deux hommes d'accord entre eux, pas un d'accord avec lui-même : ici, la vertu persécutée comme un vice ; là, le vice honoré comme une vertu ; plus loin, l'intention innocentant le mal ; ailleurs, le hasard faisant tour à tour du même homme un criminel ou un héros selon l'événement.

Je courbai la tête, et interrogeant ma conscience éperdue, je m'écriai :

— Chimère !

Sphinx parut.

— Eh bien ! lui dis-je, qu'as-tu fait pour moi ?

— Patience, me répondit-elle, vos philosophes disent que le repentir est le commencement de la sagesse : cela signifie que l'illusion et l'erreur sont les avenues de la vérité. Tu seras sage quand tu seras désabusé de tout ce qu'il ne faut pas croire : or il te reste encore beaucoup à désapprendre. Au revoir.

Et s'élevant dans les airs elle me dit :

— Puissance.

Sans que j'en pusse deviner la cause, ma vie prit un cours imprévu. Les hommes, obéissant à je ne sais quelle attraction, s'empressaient autour de moi comme les papillons nocturnes autour d'un flambeau. On acclamait mes moindres paroles, on me louait, on me comblait d'honneurs, on sollicitait mes ordres. Je vis alors se découvrir dans toute leur misère la faiblesse et la médiocrité de ce troupeau humain toujours en quête de chiens et de bergers. Tour à tour orateur, juge, homme d'État, général d'armée, j'en vins à me persuader qu'au-dessus de la masse du vulgaire il existait une élite d'hommes destinés par la supériorité de leur caractère et de leur intelligence à dominer et à conduire les autres. Mon pouvoir me parut non pas seulement légitime mais tutélaire, indispensable et sacré : toute résistance devenait dès lors à mes yeux un danger, toute attaque, une folie, toute révolte, un sacrilège.

Lorsque j'eus renversé tous les obstacles autour de moi, je me retrouvai seul : il ne me restait rien de ma gloire, pas même l'orgueil.

Sphinx m'apparut.

— Laisse les hommes, me dit-elle, interroge la nature : là peut-être tu trouveras ce que tu cherches.

Et elle s'envola en me disant :

— SCIENCE.

J'étais heureux. Chaque vérité que je découvrais m'éblouissait de tout l'éclat d'une merveille. La réalité dépassait en prestige les enchantements des contes de fées ; la certitude et la beauté des choses de l'univers inondaient mon âme d'un contentement parfait, et plus je pouvais mesurer ma faiblesse, plus je me sentais fier de la voir mêlée à tant de grandeurs.

Mais à mesure que je m'élevais, d'échelon en échelon, dans la connaissance des êtres, à mesure que de plus vastes horizons s'ouvraient devant moi, la fatigue et le découragement me gagnaient, et comme un enfant qui a tenu trop longtemps ses yeux ouverts à la lumière, je sentais mes paupières s'appesantir et mon intelligence fléchir.

Je crus alors que je possédais assez de faits pour en déduire des lois, et me confiant à ce que je croyais ma science et que j'appelais mon génie, je fis de mes idées un monument à mon orgueil : à m'en croire, l'origine des êtres et la nature des choses n'avaient plus de secrets pour moi.

Un savant obscur, examinant au microscope la fleur d'une petite mousse inconnue, découvrit par hasard un fait jusque-là ignoré. Ce fait, à lui seul, suffisait pour renverser comme un château de cartes l'échafaudage de mes erreurs.

Elle était devant moi.

— L'épreuve que tu viens de subir a été dure, me dit-elle. Une nouvelle épreuve t'attend : peut-être est-ce la dernière.

— Si tu en doutes, à quoi bon me tromper encore ?

— Je ne te trompe point, je te mène à la vérité. Si les chemins sont rudes, c'est la faute de la vie ; si le but semble reculer devant toi, c'est la faute de ton cœur, que rien ne peut satisfaire. Tu te plains de n'avoir pas trouvé : cherche encore.

Et se penchant à mon oreille, elle me dit, avec un mauvais sourire :

— Richesse.

Le pauvre ne connaît que les tentations et les éblouissements de l'or : devenu riche, j'en connus l'ivresse. Pendant quelques jours je pus me croire parvenu au dernier terme de la félicité humaine. Tous les rêves que j'avais cru voir s'évanouir prenaient un corps et devenaient pour moi autant de réalités : j'étais libre, j'étais vertueux, j'étais puissant, j'étais savant. Je n'avais qu'à ouvrir mon coffre, à y prendre une poignée de louis et à la jeter au hasard, partout où tombait une pièce d'or j'entendais un cri de joie et une bénédiction. De jour en jour, d'heure en heure, je voyais une foule d'amis se presser et grossir autour de moi.

Peu à peu cependant je commençai de me sentir importuné, puis obsédé, de tant de visages inconnus ! Je cherchais mes vieux amis, ils avaient disparu, et je finis par m'apercevoir que, cerné sans relâche par cette meute de commensaux, j'avais perdu ma liberté. Bientôt je les vis, épiant chaque pli de mon visage, s'étudier à irriter mon impatience en me dévoilant les bassesses de leurs rivaux. En même temps ils me flattaient, ils me léchaient les pieds comme des chiens, me louant frénétiquement de mes vices et me blâmant respectueusement de mes vertus. Quand ils m'eurent tous parlé les uns des autres, je les méprisai tous également ; et quand, après avoir écouté leurs flatteries, je me demandai ce que je pouvais valoir, je me sentis devenu méprisable moi-même. Je reconnus qu'en m'aveuglant et en me trompant, ils avaient fait de ma prétendue puissance la plus odieuse des faiblesses et le plus vil des esclavages ; de ma science enfin, la plus sotte des vanités.

Je les chassai, et jetant un regard de colère sur ces richesses qui m'avaient dépouillé de tous les biens de la vie, je les pris par poignées et j'en jetai au vent jusqu'au dernier écu.

Sphinx se montra de nouveau.

— Tu as vécu, tu as souffert, tu as travaillé, tu as sondé jusqu'en ses dernières profondeurs le néant des illusions humaines ; te voilà digne enfin du bien suprême. Mets la main sur ton cœur et tu y sentiras une chaleur inconnue, car c'est maintenant seulement que le flambeau de ta vie va brûler à pleine flamme.

Elle ouvrit ses ailes et j'entendis :

— Amour.

Elle avait dit vrai : le bien suprême ! Pendant ces temps bénis j'ai connu ce que l'âme et le corps peuvent supporter de joie. Chaque soir je m'endormais avec la certitude, chaque matin je me réveillais avec l'espérance, et je voyais mes désirs renaître plus frais et plus jeunes à mesure que je les avais rassasiés. Un regard, un baiser, me donnait plus de bonheur en une seconde que je n'en aurais pu rêver dans tout le reste de ma vie. Le parfum des fleurs était un encens, le chant des oiseaux, une sérénade, le souffle du vent, une caresse, tout pour ma bien-aimée ; et je voyais la terre se parer et le soleil resplendir pour éclairer la fête de ma vie. Quand nous nous regardions, l'univers était dans nos yeux, et ni mal ni crainte ne pouvaient rien sur nous. Nous étions comme des dieux sûrs de leur toute-puissance et défiant la destinée.

Nous nous sommes aimés ainsi depuis le premier regard jusqu'au dernier sourire.

. . . .

Elle reposait, blanche et froide comme un marbre, sur un lit jonché de fleurs. Ses yeux ne pouvaient plus me voir, mais ses lèvres s'entr'ouvraient avec un sourire comme pour m'appeler encore une fois.

Ils vinrent, ils l'emportèrent. Je restai seul.

Sphinx parut devant moi. Je tournai vers elle mes yeux baignés de larmes.

— L'épreuve est finie, me dit-elle. Te plaindras-tu maintenant que je t'aie trompé? Tu vois : le faux et le vrai s'évanouissent également, et la coupe elle-même du bonheur n'est plus qu'un calice amer dès qu'elle est tarie. Quand le cœur de l'homme serait assez fort pour défendre son bonheur contre la vie, la mort est là, et quel que soit le roman ou l'histoire, c'est elle qui dit le dernier mot. Allons! relève ton courage, sèche tes pleurs; donne-moi ta pauvre âme, que je l'emporte loin de tout ce qui l'a fait souffrir.

Elle prit mon âme entre ses bras, et nous nous élevâmes au plus haut du ciel.

— Regarde, me dit-elle, ce point qui flotte au-dessous de nous : c'est la terre, c'est ce monde physique et moral dont tu pouvais à peine concevoir l'immensité : maintenant je te défie d'en concevoir la petitesse, et une seule de tes pensées n'y trouverait pas place pour s'y poser. De toutes parts l'infini s'étend devant tes yeux; mesure les idées que tu te faisais de toutes choses, et compare! Maintenant que ton âme est éclairée de la lumière d'en haut; je vais te rendre à la terre, et je te dirai le secret que je t'ai promis.

Alors, volant comme une flèche, elle alla descendre près de mon corps immobile, et posant ses lèvres sur ma bouche, elle me dit ces mots :

— Tu veux savoir le secret du bonheur : le voici :

Rêve : la vie n'est qu'un songe...

PÉGASE

ODE HÉROÏQUE

Cet incomparable coursier
D'un coup de son sabot d'acier
Fit jaillir la docte fontaine
Où les poètes altérés
Vont s'abreuver des flots sacrés
Qui débordent de l'Hippocrène.

C'est le plus fameux des chevaux :
Le seul récit de ses travaux
Épuiserait mainte écritoire !
Et quand on couvrirait de vers
Tout le papier de l'univers,
Ce serait trop peu pour sa gloire.

Il fut orphelin en naissant,
S'il est vrai qu'il soit né du sang
De Méduse, décapitée
Pour s'être un jour, devant Pallas,
Trop témérairement, hélas !
De ses beaux cheveux blonds vantée.

Minerve d'abord commença
Par la décoiffer : après ça
Elle lui mit une perruque
De noirs et venimeux serpents
Qui se tordaient, froids et rampants,
Sur son front, sa tempe et sa nuque.

Et s'emportant, dans ses fureurs,
Jusqu'aux plus coupables horreurs,
Après l'avoir ainsi coiffée,
Elle dit qu'il fallait trancher
Cette tête, pour l'attacher
A son écu comme un trophée !

Craignant peut-être que le sang
Ne vînt à faire, en jaillissant,
A sa toilette quelque tache,
A Persée elle s'adressa,
Et galamment il s'empressa
De se charger de cette tâche.

Mais Méduse avait un regard
Si cruel, si froid, si hagard,
Qu'il vous changeait son homme en pierre.
Affreuse façon de finir,
Quand on se sent de l'avenir
Et qu'on rêve une autre... carrière.

« Ne craignez rien, tournez le dos, »
Dit Minerve au bouillant héros,

« Ce miroir de toute disgrâce
» Vous préservera, si vos yeux
» Ne se rencontrent avec ceux
» De Méduse que dans la glace ».

Assuré de ne risquer rien,
Persée alors, se couvrant bien
De son bouclier octogone,
Se mit en marche, à reculons,
Très bravement vers les vallons
Où logeait la belle Gorgone.

Méduse, le voyant venir
Et croyant déjà le tenir,
Se réjouissait de l'affaire,
Et d'avance se régalant
Disait : « Oh! oh! le beau galant!
» Quel obélisque j'en vais faire ! »

Mais le barbare lui fit voir
Que deux beaux yeux sont sans pouvoir
Sur la force unie à la ruse :
Grâce au miroir, sûr de son coup,
D'un revers il trancha le cou
De la confiante Méduse.

Or comme il eût vraiment été
Trop dur que de tant de beauté
Il fût fait ainsi table rase,
On vit un héritier surgir

Du sang qui venait de rougir
La terre : ainsi naquit Pégase.

N'est-ce pas un sort sans égal ?
D'une femme naître cheval !
Avoir pour père un coup d'épée,
Et venir au monde au moment
Où votre mère, justement,
Vient d'avoir la tête coupée !

Cette origine et ce début
Ne pouvaient être l'attribut
D'un simple cheval ordinaire.
Ils présageaient, de bout en bout,
Une course inouïe, où tout
Devait être extraordinaire.

Aussi, pour donner au vainqueur
Un prix digne de son grand cœur,
Minerve, dans cette aventure,
Ne trouva rien mieux pour guerdon
Que d'offrir à Persée en don
Cette merveilleuse monture.

A peine en selle, notre preux
Entend au loin des cris affreux
Venant des bords de l'Éthiopie :
Il prend sa lance et son écu
Et pique des deux, convaincu
Qu'il doit là faire une œuvre pie.

Il arrive. Sur un rocher
Un bon roi venait d'attacher
Sa fille, l'offrant en pâture
A certain poisson qu'il fallait
Ménager, car il désolait
Le commerce et l'agriculture.

Fondant alors du haut de l'air,
Persée, aussi prompt que l'éclair,
D'une épouvantable estocade,
En un clin d'œil, du même choc,
Détache la fille du roc
Et met le monstre en marmelade.

Le roi, qui bien évidemment
Désirait n'importe comment
Se débarrasser de sa fille,
A Persée aussitôt l'offrit
Pour femme : et le héros la prit,
Car Andromède était gentille.

En effet, nul ne pouvait mieux
Juger, et par ses propres yeux,
De cette adorable tournure,
Car la princesse, à ce moment,
Ne portait pour tout ornement
Que sa chaîne et sa chevelure.

Chacun sait que quand un guerrier
Se résigne à se marier,

Il faut qu'il mette pied à terre :
Mars et Vénus ont de tels droits,
Que nul ne peut être à la fois
Tendre époux et bon militaire.

Tout à ses aimables travaux,
Persée, en ces plaisirs nouveaux,
Ne rêvait plus d'autre victoire ;
Pégase, s'envolant au ciel,
Le laisse à sa lune de miel
Et va plus loin chercher la gloire.

Pallas, qui d'en haut le menait,
L'envoie en Lycie, où trônait
Un roi de valeur assez plate,
Père nigaud, franc animal,
Qui menait sa barque fort mal,
Et qui se nommait Iobate.

Ce prince, mou comme un chiffon,
Servait contre Bellérophon
La vengeance de Sthénobée,
Furieuse contre ce preux,
Dont la vertu froide à ses vœux
S'était lâchement dérobée !

Pour lui jouer un mauvais tour,
Il lui proposait chaque jour
Quelque exploit inexécutable :
Marcher sur des charbons ardents,

Prendre la lune avec les dents,
Ou quelque chose de semblable.

Minerve, qui, par... intérêt
Pour Bellérophon, désirait
Mettre un terme à ce jeu perfide,
Fit monter le beau chevalier
Sur Pégase, et pour bouclier,
Elle lui prêta son égide.

Aidé de ce divin secours,
Bellérophon, en quelques jours,
Moissonna palmes et couronnes ;
Les Solymes il déconfit,
Égorgea la Chimère, et fit
Nourrices dix mille Amazones.

Iobate avait envoyé
Un gros d'assassins, soudoyé
Pour l'égorger : mais la vaillance
Du héros les accommoda
Si bien, que le roi s'amenda
Et reconnut son innocence.

Et voulant que de ces hauts faits
La gloire fût par des bienfaits
Magnifiquement couronnée,
Le roi, dans son émotion,
Lui promit sa succession
Et lui donna sa fille aînée !

Mais comme il est bien reconnu
Que tout conquérant, parvenu
A certains sommets, perd la tête,
Bellérophon l'apprit bientôt
Pour avoir voulu par trop haut
Guinder le vol de sa conquête.

Il entreprit d'escalader
Le ciel, et d'en déposséder
Le dieu puissant qui tient la foudre !
Jupin, d'un coup de ses carreaux,
Fit dégringoler le héros
Et l'envoya se faire poudre.

Après tant de travaux passés,
Pégase ayant sans doute assez
De batailles et de tuerie,
Le maître des dieux l'enleva
Dans l'Olympe, et lui réserva
Une étoile pour écurie.

Ayant là-haut changé d'humeur,
Il prête son dos au rimeur
Que Phébus a mis hors d'haleine ;
Il porte aux sommets escarpés
De l'Hélicon les éclopés,
Puis à l'hôpital les ramène...

ROSSINANTE

Tel fut ce roi des bons chevaux.
Rossinante, la fleur des coursiers d'Ibérie,
Qui, trottant jour et nuit et par monts et par vaux,
Galopa, dit l'histoire, une fois en sa vie.

Boileau.

O toi qui sur ta maigre échine eus la gloire de porter le plus maigre des chevaliers errants, parmi les monts et les vaux espagnols plus maigres encore; ô toi qui dans ta merveilleuse carrière, à travers les dangers, les fatigues, les grêles de pierres et de coups de bâton, le jour, suant et trébuchant sous le soleil et sur les cailloux des plaines de la Manche, la nuit, grelottant et butant sous la rosée glaciale de la Nouvelle-Castille et sur les racines déchaussées des vieux chênes-lièges de la Sierra-Morena, te montras toujours supérieur à la fortune en te relevant autant de fois qu'elle t'avait abattu; ô Rossinante! ô noble et généreux coursier du plus noble et du plus généreux des héros, rassemble tes os, secoue la poussière et le ridicule dont ils sont couverts, et si tu en as encore la force, essaye de te relever et de te tenir un instant sur tes jambes, ces jambes que la victoire couronna tant de fois, pour assister, debout et non couché sur le flanc, à l'apothéose trop tardive que la zoologie morale vient enfin te décerner en ce jour !

Allons, courage ! je te reconnais ! Aux glorieux souvenirs que j'évoque, tu as rassemblé sous la cage aérienne de ton squelette tes fémurs et tes tibias désarticulés depuis des siècles ; tes vertèbres dispersées s'enfilent en chapelet, comme au bon temps, pour rattacher ta tête à tes épaules ; ta peau, hérissée de quelques poils oubliés par l'injure de la misère, se recolle, en claquant comme un papier sec, sur les pointes aiguës et sur les crêtes tranchantes de ta carcasse ; tes dents jaunes branlent au souffle poussif de tes poumons asthmatiques, et sous l'ombre de tes salières se rallume ce regard, éclair des batailles, qui tant de fois jeta la terreur et la consternation dans les rangs ennemis !

Eh quoi ! tu ne peux pas, tu retombes ! Souviens-toi de ton gracieux et invincible maître, et du bon Sancho, qui, au péril de ses reins et de ses épaules, conquit pour toi tant de savoureux picotins d'orge ; souviens-toi du grison, frère d'armes et compagnon de misère, qui partagea avec toi, du premier jusqu'au dernier jour, la gloire et la botte de foin, trop rares toutes deux ! Du haut des cieux ils te regardent, ils sourient à ta résurrection... Allons, *sursùm corda,* roussin sublime, hop !

C'est mieux : te voilà agenouillé, et ton encolure déjà presque horizontale, tes jambes de derrière écartées comme pour dévorer la carrière, ta queue, qui a failli se dresser, tout dans ta pose hardie fait présager un succès prochain. Non, pour te relever aux yeux de mes contemporains, je ne te mettrai pas sous le ventre l'humiliation d'un bouchon de paille enflammée : je te dirai seulement : souviens-toi !

Il m'a entendu : par un effort de Titan, il a relevé la tête, raidi ses jarrets et courbé l'échine. Trois fois il s'est relevé. La première fois, les jambes de devant ont tenu bon mais la croupe s'est écroulée sous le poids de difficultés trop lourdes ; la seconde fois, la croupe a résisté mais les jambes de devant ont fléchi ; la troisième fois, les quatre membres se sont dérobés en même temps, et la tête et la queue ont seules réussi à se dresser vaguement, pendant quelques secondes, dans la direction du zénith.

Impossible !

Non, rien n'est impossible aux héros ! Par une de ces inspirations que le guerrier trouve sur le champ de bataille, il a écarté ses deux pieds de devant, et faisant de son encolure une jambe supplémentaire, il use de sa mâchoire pour s'arc-bouter sur le sol, raidit le tout, tire sur la croupe, tend les jarrets, et son corps diaphane se balance enfin dans les airs, supporté par ces cinq appuis.

Pendant quelques instants encore il chancelle et flageole, incertain et comme étonné de sa victoire ; mais enfin il se rassure, et relevant la tête jusqu'à la hauteur de ses genoux, tant il a de confiance en ses forces, il m'apparaît dans cette pose pleine de résignation et de grandeur qui depuis trois siècles bientôt l'immortalise aux yeux de la postérité.

Ah ! ne le touchez pas ! ne le caressez pas ! ne le regardez pas même ! Que pas un geste, pas un souffle, ne vienne effleurer ce miraculeux équilibre ! Le plus faible choc, le poids le plus léger, suffirait à tout détruire. Si une fourmi le heurte, si une mouche se pose seulement sur son dos, vous le voyez s'effondrer à l'instant !

Tiens bon, Rossinante ! je vais parler vite et tout bas pour ne pas t'ébranler et pour ne pas te fatiguer ; tiens bon, que je puisse te rappeler pour la dernière fois à ce monde lâche et corrompu qui, ne croyant plus à toi, t'insulte et te nie !

Et vous qui riiez tout à l'heure de sa maigreur et de sa misère, découvrez-vous, inclinez-vous, agenouillez-vous et frappez-vous la poitrine, devant ce spectre d'une race qui n'est plus, devant cette ruine vénérable et sacrée de tout un monde moral que l'égoïsme, la cupidité, la bassesse et la corruption des hommes, ont balayé de la terre !

Considérez avec respect les grandes lignes et les sommets culminants de cette ossature, grandiose dans son délabrement. Ces nœuds, ces arcs, ces crêtes, ces saillies vigoureuses, sont la charpente d'un plan héroïque tracé d'un bout à l'autre pour les folies sublimes de la chevalerie ; ce qui perce sous le parchemin de cette pauvre peau desséchée, ce n'est pas le ridicule, c'est le sublime, pointant vers l'idéal comme autrefois s'élançaient vers le ciel les clochetons aigus des cathédrales gothiques !

Ne cherchez pas ce qui manque à ce corps ravagé, voyez plutôt ce qui en demeure ! La tête fine, l'œil ardent, le garrot élevé, la poitrine large et profonde, les flancs longs, la croupe légère, et ce lacis bien cordé de veines saillantes qui enveloppe tout le corps attestent qu'il est de ce sang royal des genets d'Andalousie qui donna des chevaux de bataille au Cid et au roi Pélage.

Oui, il a souffert, il a jeûné, il est tombé plus d'une fois, tantôt accablé sous les coups du sort, tantôt exténué par des fatigues excessives mal réparées par une nourriture insuffisante. Mais depuis le premier jusqu'au dernier jour, sans hésiter, sans regarder en arrière, il est allé partout où son maître l'a conduit, il a couru tête baissée sur les pèlerins, les moines, les diables, les moutons, les géants, les muletiers, les archers de la Sainte-Hermandad et les moulins à vent ! Rêves ou réalités, n'importe, au premier coup d'éperon il s'élançait en avant, poussant à tort et à travers sa charge à fond de train sur l'idéal !

Son maître était fou : il allait de par le monde, délivrant les opprimés, protégeant les damoiselles persécutées, jetant son gant à tout malandrin ou infidèle qui osait paraître devant lui, même en rêve ! Il bravait d'une égale fierté les bêtes féroces et les monstres imaginaires, témoin ce jour qu'ayant fait ouvrir la cage d'un lion, il alla se planter devant lui, l'épée haute, pour lui offrir la bataille !

C'était un fou ! Il était brave, il était sobre, il était patient, il était chaste. La foi en Dieu, la fidélité à la dame de ses pensées, enflammaient son cœur d'un amour que rien ne pouvait apaiser et d'un courage que rien ne pouvait faire pâlir. Lorsqu'il pensait à ces deux objets de son culte, le ciel se serait écroulé sur sa tête qu'il aurait, comme nos pères les Gaulois, dressé sa lance pour le soutenir !

Pauvre, efflanqué, couvert de sueur et de poussière, plus évidé sous son armure, au milieu des plaines de la Manche, que ne le serait sous sa carapace un homard égaré dans le grand désert de Cobi ; tantôt battant tantôt battu ; tour à tour porte-épée de la justice de Dieu ou souffre-douleur de l'injustice des hommes, il était grand toujours, et à chaque fois qu'il tombait, ce juste se relevait plus ridicule et plus grand.

Sur les chemins où il passait, sous la cabane des chevriers, dans les fêtes de Gamache, au milieu des ducs et des princesses du plus haut rang, il savait rester lui-même, bienveillant et généreux pour les petits, fier et digne avec ses égaux, noble devant les grands, tendre et soumis aux pieds des femmes, gracieux et courtois avec tous.

C'était un fou : la sagesse et la vertu coulaient de ses lèvres en propos convaincus et graves ! Il prêchait le mépris des richesses, le renoncement, le dédain de la souffrance et de la mort ! Il croyait à l'amour, au devoir, à la justice, à la gloire, à l'honneur, à toutes ces billevesées dont vous riez si gaîment, vous autres là-bas qui devisez politique et morale au bord des égouts !

Et maintenant, pauvre Rossinante, adieu pour toujours ! Laisse-toi retomber parmi les os des vieux compagnons qui, plus heureux que nous autres, dorment dans une poussière sacrée. Dors à côté de ces preux, qui, ceints d'une écharpe aux couleurs de leurs bien-aimées, sont morts au champ d'honneur en baisant la croix de leur glaive. Là du moins, à travers les brumes de la mort, tu pourras revoir en songe ces temps héroïques que ton noble maître, comme un fantôme échappé de la tombe, essaya vainement de faire revivre parmi les hommes d'une race dégénérée.

Ne regrette pas la vie : tous ces cavaliers que tu vois là se soucient d'un genet d'Espagne comme d'un maravédi. Il n'y a plus en ce monde ni chevaliers ni chevaux de bataille pour courir après l'honneur et la gloire : il n'y a que des chevaux de course et des jockeys pour courir après les gros sous.

L'ABATTOIR

On y arrive par une rue large, pleine de lumière et de soleil, où tout respire le travail, l'ordre et l'aisance, d'un peuple honnête et heureux.

De nombreux passants, ouvriers pour la plupart, marchent d'un air de bonne humeur, avec cette désinvolture un peu crâne et un peu gouailleuse qui caractérise l'enfant de Paris.

La paix, la confiance et le contentement, sont sur tous ces visages ; un peu de parure aux femmes, quelques boucles aux cheveux blonds des enfants, quelques fleurs répandues çà et là, et ce serait la fête de la vie.

C'est l'abattoir qui donne à ces braves gens la prospérité dont ils jouissent. Et quand ils entendent siffler de loin la machine à vapeur traînant à la grande tuerie ces tombereaux de bêtes qu'on y égorgera bientôt, ils sourient d'espérance comme l'armateur qui voit arriver à bon port ses navires chargés de richesses.

A l'extrémité de cette longue perspective je vois s'élever et grandir, à mesure que je marche, la masse imposante des bâtiments de l'abattoir : les rotondes, les grands toits, les hautes cheminées qui fument, découpent sur le bleu du ciel leurs profils corrects tout resplendissants de la lumière du soleil. On dirait une cité à part se dressant, au milieu d'une ville moderne, avec des formes inconnues.

J'arrive enfin. Des arbres en quinconce ombragent les abords de l'édifice ; de belles grilles à larges portails en règlent l'accès. D'abord une place entourée de bâtiments élégants et simples, puis une large avenue ornée d'arbres et bordée de grands hangars ouvrant deux à deux sur des cours communes. Cette avenue, que croisent à angle droit des rues latérales, s'ouvre jusqu'à l'autre extrémité de l'enceinte, où elle communique, en franchissant un canal, avec le marché aux bestiaux.

L'espace, la lumière, l'ordre et la proportion, règnent d'un air vraiment imposant au milieu de ces constructions d'une simplicité calme et sévère ; la science, la raison et la force, y donnent à toutes choses un caractère de sérénité presque auguste. Rien qui rappelle la violence ou la cruauté : nettes et inflexibles comme la loi de vie et de mort que rien n'arrête ni ne détourne, ces lignes droites semblent tracer partout l'image de la justice et de la nécessité.

Chose étrange, au moment où je me dispose à franchir le seuil d'une des tueries béantes à chaque pas le long de l'avenue, mon cœur se révolte !

Vous ne vous souvenez donc plus, mon cœur, de ces repas où tant de fois la chair des animaux sacrifiés a ranimé votre force et votre joie ? Vous êtes tout à l'horreur de la tragédie qui se prépare, quand, de tout ce sang qui vous gonfle et vous soulève contre le meurtre, il n'est pas une goutte que le meurtre n'alimente et ne réchauffe chaque jour ! Non, non, n'espérez pas vous dérober à l'épreuve où je vous traîne, et puisque vous savez vous résigner au bienfait du sacrifice, sachez vous résigner de même à en contempler, sans défaillir, le sanglant spectacle.

Et que savez-vous s'il ne vous sera pas salutaire, et si vous ne vous retrouverez pas plus ferme, quand vous aurez vu de vos yeux la bataille de la mort et de la vie, plus reconnaissant et plus tendre envers les animaux, quand vous aurez vu comment ils meurent pour vous ?

Regardez, la leçon commence déjà.

Un grand bœuf blanc, attaché au front d'une corde qu'il pourrait rompre du moindre des coups de sa tête, suit d'un pas lent et tranquille le boucher qui le mène. Il cède sans résistance au lien qui l'attire ; il sent appliquée à son front la volonté supérieure de l'homme, et il la suit avec confiance : il sait qu'elle ne l'a jamais conduit qu'au pâturage, au travail ou à l'étable, et promenant ses lourds regards du feuillage des arbres à la terre qu'il foule, de la terre aux portes des étables qu'il dépasse, il cherche s'il va paître, labourer ou se reposer sur la litière.

Mais arrivé devant l'entrée d'une cour, le conducteur se détourne ; il entre, c'est là.

J'ai reculé : sur ces dalles inondées de sang, des

membres dispersés, des excréments de bêtes, des amas d'entrailles, épouvantent mes regards ; des baquets débordent de sang chaud, des auges sont frangées de caillots vermeils qui frémissent au vent, les tonneaux suintent, tout souillés et à demi remplis de raclures rougeâtres ; jetés sur des tables, pendus à des crochets de fer, les lambeaux de chair chaude encore et pantelante de vie couvrent tout de leur carnage ; mes pieds ne savent où se poser, mes regards, où se réfugier.

Le bœuf, à l'odeur du sang, a raidi son cou : mais avant que son épais cerveau ait eu le temps de comprendre quelle idée ruisselle à travers tous ces objets dont les couleurs et les formes inconnues blessent ses yeux pour la première fois, l'élan de son dernier mouvement d'obéissance l'a fait marcher jusqu'au bout.

Le voilà sous un hangar que des poutres, des cordes, des engrenages, des crochets, font ressembler à quelque chambre de torture. Tout autour des murailles pendent des quartiers de bœuf enveloppés de linges sanglants, des poumons rosés, des langues d'un bleu livide, des fiels jaunes et verts. Au fond, sur des traverses de bois, les corps entiers de deux bœufs, dépouillés de leurs peaux et vidés de leurs entrailles, se balancent en l'air ; et devant un de ces corps, monté sur un marchepied tout noir et tout luisant de sang, un boucher allonge sa tête et son cou entre les flancs ouverts de la bête, qu'un bâton mis en travers tient écartés, et il y fouille à grands coups de couteau.

Le bœuf commence à comprendre. Il avait senti la mort, il la voit maintenant. Il s'arcboute sur ses quatre pieds, courbe l'échine, dresse la queue et cherche à reculer.

Il est trop tard : par un anneau scellé dans la dalle et où on a passé la corde liée à son front, on tire, et sa tête s'abaisse lentement comme si déjà elle cédait sous le poids irrésistible de la mort. Par un effort suprême il cherche à se dérober en se jetant de côté, mais d'une autre corde qu'on lance sous son poitrail et qu'on accroche en l'air, on lui soulève la jambe gauche, et le voilà sur trois pieds, la tête tirée en avant, hors d'état de se mouvoir. Il se sent vaincu, il ne lui reste plus rien pour se soutenir, que les deux cordes qui le lient.

Tout est prêt. Un aide saisit les deux cornes et maintient le front immobile.

S'armant d'un long marteau de fer, dont le talon se recourbe en crochet et dont la tête s'allonge en cylindre étroit, le boucher y jette un coup d'œil, puis aussitôt, le saisissant à deux mains, se renverse en arrière, lève les bras et frappe un seul coup.

Le bœuf est mort. Un trou perce le milieu de son front. Le sang ne coule pas encore. Sa tête se penche, son cou fléchit, il tombe doucement : on dirait qu'il s'agenouille aux pieds de son meurtrier, puis il se couche sur le flanc comme s'il venait de s'endormir.

Tout est fini pour lui, et le voilà, en moins d'une seconde, aussi loin de la terre que s'il n'avait jamais vécu. L'esprit qui animait son cerveau s'est dispersé pour jamais comme la fumée d'un feu éteint, mais de l'être animé qui tout à l'heure s'épanouissait dans sa force, les organes survivent et se débattent, et pendant longtemps encore on verra la chair palpiter sous le couperet qui la tranchera.

La mort a passé comme un éclair. Tout aussitôt la nature, pénétrant de toutes parts dans cette créature condamnée à la destruction, s'apprête à la dissoudre pour en restituer les éléments à l'univers.

Mais il faut que la nature recule : l'homme, qui a abattu la proie, va se mettre au travail et détourner au profit de ses besoins les trésors de force et de chaleur accumulés dans ce corps superbe.

Le boucher se prépare. Il est tête nue, la chemise ouverte, les manches retroussées jusqu'à l'épaule. C'est un homme dans tout l'éclat de la jeunesse ; ses bras, monstrueusement développés, sont comme gonflés de force. Le calme, la résolution, et je ne sais quelle majesté farouche, lui laissent, malgré le sang dont il est couvert, un noble aspect. Un pied en arrière, renversé sur ses reins, les bras à demi écartés, il semble mesurer d'un coup d'œil le travail qu'il va faire, et vraiment il a plutôt l'air d'un vainqueur que d'un meurtrier.

Et tout d'abord, sans perdre une minute, il faut faire écouler le sang avant que les artères et les veines aient perdu la force de contraction qui les anime encore. Mais même dans ce moment où elle baigne au milieu du carnage, l'humanité ne perd point ses droits : de peur que l'hémorrhagie ne dégage le cerveau et n'y laisse revenir, fût-ce pour une seconde, un reste de sentiment, le boucher enfonce une baguette dans le trou qui a percé le front, et sûr que la victime ne se réveillera pas, il met un genou en terre, tire d'une espèce de carquois pendu à son côté un long couteau, le plonge dans la gorge, l'y tourne et l'y retourne, et en fait jaillir deux torrents de sang violet qui, mêlés et tordus dans leur chute, débordent à gros bouillons dans de larges bassins de fer qu'un aide subalterne vient présenter tour à tour au-dessous de la plaie, pour les recueillir.

Armé d'une lourde masse de bois, le boucher frappe de deux coups chacune des deux cornes et les laisse pendantes, retenues seulement par la peau du front.

Il saisit à deux mains la queue et tire en arrière le corps, qui glisse sans effort grâce au sang répandu sur les dalles ; il le retourne sur le dos ; il fait à la peau de la poitrine et du ventre deux incisions de médiocre ouverture, tandis que son aide, attirant au dehors la trachée-artère qui porte l'air aux poumons, la dégage de son enveloppe sur une certaine longueur et l'arrête par un nœud pour empêcher l'air de s'échapper.

Le boucher dépouille et abat les deux pieds de devant de l'animal. L'aide va prendre deux soufflets, en introduit le tuyau dans les incisions préparées pour les recevoir, et peu à peu, au souffle puissant des deux machines que ces hommes mettent en jeu de toutes leurs forces et en pesant de tout leur poids, on voit le bœuf qui s'enfle, se distend, et devient montrueusement énorme. Sous la violence de cette explosion intérieure, ses membres gonflés se tendent et s'écartent, son poil se hérisse, et son cou, s'allongeant et se redressant par saccades, revient, en décrivant un quart de cercle, s'aligner dans l'axe de l'échine.

On retire les soufflets; par les ouvertures qu'il a pratiquées, le boucher fait passer une baguette pour mieux séparer la peau de la chair, puis, la retirant, en frappe deux ou trois grands coups, afin d'achever la séparation et de juger, d'après le son, si l'opération est complète.

D'un signe de tête, il marque au jeune homme qui l'assiste que c'en est assez, et se penchant en travers du corps de l'animal, il fend la peau d'un seul trait depuis la mâchoire jusqu'au-dessous de la queue.

Armé d'un petit couteau à lame aiguë, il détache la peau, qui s'ouvre et se développe comme un manteau sanglant. Les muscles, les tendons, les graisses, le réseau des veines, se découvrent à vif. Déjà la poitrine et le cou sont mis à nu; renversant tour à tour la masse sur l'un et l'autre flanc, le boucher dépouille de même la croupe, l'échine, les épaules, le cou, la tête et les quatre membres, à l'exception d'un point de la croupe, où il laisse la peau tenir encore.

Il faut maintenant dépecer le bœuf. Le boucher, prenant à deux mains un large coutelas, le plonge au bas du ventre et l'entraîne d'un bout à l'autre du corps comme un soc de charrue à travers la terre. Les flancs, séparés l'un de l'autre, laissent voir les masses bouillonnantes des organes intérieurs qui se gonflent, prêtes à déborder.

Un moment d'arrêt. Le boucher et son aide reprennent haleine, et lavent leurs bras rougis de sang jusqu'aux coudes. Ils se remettent à l'œuvre : ils vont l'achever.

Une longue et forte barre est alors passée comme un verrou entre l'os et le tendon des jambes de derrière ; on y attache une corde, et à l'aide d'une poulie et d'un treuil à engrenage, la barre s'élève lentement et va se reposer en travers de deux poutres, laissant pendre le corps du bœuf la tête en bas. A mesure qu'il se dresse, les flancs ouverts s'écartent et vomissent le flot des viscères qui s'étale en amas énormes sur les dalles rouges de sang ; en arrière, encore suspendue à la croupe, la peau flotte, découpée sur l'ombre de l'espace en une sorte de draperie rose et blanche.

La prenant à deux mains, le boucher l'arrache et la laisse tomber à ses pieds : l'aide la tire en dessous, la développe, l'étale, en rabat les bords, et disposant en long les deux cornes comme un axe, en forme un rouleau, pendant qu'un autre homme a saisi les entrailles, les fait glisser au-dehors et se met aussitôt en devoir de les purifier et de les recueillir.

Oserai-je le dire ? Illuminée tout à coup d'un rayon qui vient la frapper, cette masse presque vivante encore apparaît éclatante des plus riches couleurs ; on dirait qu'un peintre géant, ivre de soleil, a laissé là tomber sa palette. Le porphyre, l'opale, l'onyx, la turquoise, le jade et la malachite, n'ont rien qui puisse rendre l'éclat, l'harmonie, la finesse sans pareille et l'inépuisable variété des tons. L'image sombre de la mort pâlit, s'efface, et ne me laisse plus voir que la beauté de cet ouvrage de la nature, magnifique encore dans ses débris fumants.

Est-ce le sang qui m'éblouit ou mon cerveau qui s'enflamme ? Mes yeux, éperdus de ce débordement de splendeur, s'y tournent et m'y entraînent malgré moi. J'approche, je promène mes regards sur la dépouille que le boucher commence à trancher par quartiers. Les tendons nacrés, les fibres roses, les cartilages opalins, les graisses diaphanes, tantôt jaunes comme l'or, tantôt blanches comme l'argent, ont des teintes d'une fraîcheur et d'une vivacité que ne sauraient égaler ni les nuances des fleurs, ni l'émail des coquillages, ni le plumage des oiseaux : ici la mort a les splendeurs d'un soleil couchant.

La sagesse, l'harmonie, la force, l'élégance elle-même, ont modelé ces masses, arrêté ces contours, distribué ces nerfs et ces veines, articulé ces os, bandé comme des ressorts ces muscles puissants. L'ordre et la loi respirent encore dans ce monument à demi détruit de la toute-puissance divine ; et comme si ce n'était pas assez, l'artiste sublime qui l'a formé a voulu le pétrir à pleines mains de beautés cachées qui se découvrent et viennent resplendir encore jusque sous le couperet de l'égorgeur.

Le travail est achevé : le boucher lave ses mains et rengaîne ses couteaux.

Un sentiment dont je ne suis pas le maître me retient encore près de lui. N'ai-je rien à dire à cet homme qui, pendant deux heures, avec la dextérité d'un chirurgien et la vigueur d'un athlète, a travaillé sous mes yeux ?

Il est là, ramassé dans sa force, et son âme trempée dans le sang ne connaît ni les fièvres de la poésie ni les enivrements de l'art ; sa philosophie est faite quand il a frappé juste et tranché droit ; sa journée de travail finie, il se repose, et il ne se souvient plus même qu'il a nourri le genre humain.

Il m'observe à la dérobée : on dirait qu'il cherche à me deviner.

— Que peut-il y avoir de commun, se demande-t-il sans doute, entre ce rêveur à front pâle et moi ?

Au moment où j'hésite encore, l'heure sonne et me rappelle que depuis hier soir je n'ai rien mangé...

Je sais maintenant ce que j'ai à lui dire. Je m'avance, je me découvre, et lui tendant la main je lui dis :

— Vous avez bravement travaillé. Je vous remercie, car j'ai faim.

LA DINDE TRUFFÉE

La porte de l'hôtel est ouverte à deux battants ; les voitures armoriées s'engouffrent sous la voûte avec un roulement sourd, et décrivant dans la cour d'honneur une courbe majestueuse, vont déposer au pied du perron les nobles hôtes du seigneur de céans. Les laquais poudrés, formant la haie dans le vestibule, cueillent au passage les pelisses et les manteaux qu'on leur jette ; les suisses, chapeau monté en tête, baudrier en bandoulière et mollets au vent, font résonner sur le marbre des dalles leur canne et leur hallebarde à mesure que passe chaque invité.

L'heure est solennelle. Dans le grand salon étincelant de lumières, les maîtres de cette antique maison donnent à chacun des conviés, à mesure qu'il arrive, la bienvenue de l'hospitalité. Des diplomates, des artistes, des généraux, des écrivains, des hommes d'État, le front tout chargé de pensée, entrent la tête haute, l'air superbe, et viennent tour à tour s'incliner devant la reine de ce palais ; et avec eux, glissant sur les moelleux tapis comme de beaux cygnes sur un lac, des femmes éblouissantes de parure et de beauté tracent à travers l'assemblée un long sillage d'admiration.

Sept heures sonnent : les bruits de la cour ont cessé, la livrée a disparu du vestibule, et le silence, montant les degrés du vaste escalier, se répand respectueusement autour des bruits du grand salon, comme autrefois s'élevaient les nuées dans l'Olympe pour voiler les plaisirs des Dieux.

Le nombre des élus de la fête est rempli : pas un d'entre eux ne manque à l'appel. Chacun, selon la diversité des esprits et des caractères, marque d'une façon différente le sentiment commun de satisfaction qui les remplit tous. L'honneur qu'ils reçoivent se double de tout l'éclat d'une si brillante compagnie, et mille propos gracieux témoignent du plaisir qu'ils éprouvent à se voir rassemblés dans cette aristocratique égalité.

Madame la duchesse est servie.

D'une voix nette et mélodieuse, elle désigne à chaque cavalier le nom de la dame à laquelle il doit offrir le bras, et le brillant cortège entre à pas comptés dans la salle du festin.

On a pris place. Les portes se referment. On s'installe, on échange des sourires de bon augure et de petits soins gracieux. Les voix se taisent et on n'entend plus que le cliquetis régulier des cuillères, à peine coupé çà et là par quelque gourmand qui déjà lape son potage avec de petits glouglous de joie.

Bientôt, aux gais accords des couteaux et des fourchettes, la symphonie du repas commence à s'animer d'un rythme plus vif. Les appétissants hors-d'œuvre, les petits pâtés aux crevettes, les poissons majestueux, les entrées raffinées, pareils à ces astres bienfaisants qui tournent sans relâche, circulent aux bords de la table, distribuant tour à tour à chacun des convives leurs trésors de plantureuses saveurs, tandis que, les suivant à la trace et débordant à leur suite, les grands vieux vins, religieusement versés goutte à goutte par la main savante des sommeliers, montent lentement jusqu'au bord des verres, pourpres et dorés comme des levers de soleil !

Certes, de tous les spectacles que la grandeur de l'homme peut donner à notre imagination, il n'en est point de plus admirable que celui qui se développe à ce moment. Sur la blancheur éblouissante de la nappe, des bosquets de fleurs tracent mille méandres où les vases d'argent, les pyramides de fruits, les ustensiles de vermeil, les gâteaux, les bonbons, enivrent les yeux de leurs chatoiements magiques ; des lampes aveuglantes comme des soleils, des lustres et des candélabres étincelants comme des légions d'étoiles, illuminent de leurs rayons et de leurs feux la quadruple rangée des verres et des cristaux qui scintillent autour de la table ; et d'un bout à l'autre du couvert, les larges plats ciselés, les légumiers aux vastes dômes, les saucières fines comme des oiseaux, les surtouts d'orfévrerie antique, chefs-d'œuvre de l'art et monuments de la richesse, étalent avec orgueil l'hospitalité séculaire d'une illustre maison.

Et ces magnificences sont peu de chose au prix de ce

qu'il y a de grandeurs humaines rassemblées autour de cette table. Tout ce que le pouvoir, l'intelligence et la beauté, peuvent réunir d'éclat, on le voit rayonner sur les fronts de ces convives, élite choisie parmi les plus nobles et les plus beaux représentants de la race et de la société humaines. Il faudra des historiens pour raconter la vie de ces hommes, des poètes pour chanter la grâce et la beauté de ces femmes. Celui-là est un premier ministre, il gouverne son pays ; celui-ci est l'ambassadeur respecté d'un grand peuple ; voici un général qui n'a jamais été vaincu ; voilà un artiste qui n'a fait que des chefs-d'œuvre ; et ainsi de tous : il n'en est pas un qui ne représente une puissance, une tradition ou une idée, comme il n'est pas une de ces grandes dames qui ne soit assez noble et assez belle pour être servie à genoux !

Eh bien, si grands que soient tous ces personnages, ils ne sont que les courtisans d'une reine encore invisible, qui va paraître.

Elle paraît !

Un maître d'hôtel à figure de potentat la porte sur un vaste plat d'argent et la pose solennellement au milieu de la table.

C'est la DINDE TRUFFÉE. Ses aromes puissants s'élèvent en nuages autour d'elle ; son corps reluit des miroitements de la graisse qui perle de tous ses pores ; ses flancs rebondis, son jabot gonflé, laissent, sous les ors de sa peau rissolée, entrevoir les bosselures des truffes et deviner les trésors de hachis dont elle est bourrée.

On la laisse ainsi quelques instants immobile, rayonnante, et comme étonnée elle-même de sa propre énormité.

La voilà dans l'éclat de sa puissance. En elle se résument toutes les joies de cette auguste fête ; sur elle se concentrent, comme en un foyer de convoitise et de délices, les regards et les désirs des yeux qui la dévorent et des cœurs qu'elle fait palpiter.

Telle que la voici, en effet, ce n'est pas un rôti, ce n'est plus une volaille, c'est un monument, que le génie du plaisir et le dieu de la gourmandise ont savamment et patiemment médité, conçu, développé et raffiné tout ensemble, en appelant à cette œuvre voluptueuse toutes les ressources de l'art et toutes les richesses de la nature.

Des savants illustres ont pâli pendant de longues nuits sur des centaines de volumes pour arriver à obtenir, par l'artifice de la sélection, ce type indéfiniment extensible dont la capacité surprenante peut engloutir jusqu'à dix livres de truffes sans crever !

L'éleveur qui a gavé cette dinde est chevalier de la Légion d'honneur, comte du Saint-Empire, titulaire de cent médailles, tout cela pour ses dindes, et il expédie ses élèves jusque sur la table du sultan de Zanzibar !

Et quant au charcutier qui a fourni la chair à saucisse, il est sénateur de la République, élu par vingt mille suffrages, uniquement pour l'importance et la supériorité de ses produits.

Mais aussi quel résultat ! Les visages, à l'apparition de la dinde truffée, se sont comme transfigurés ; les fronts s'épanouissent, les joues deviennent roses de plaisir, les lèvres sourient et les yeux s'ouvrent démesurément. Un grand silence se fait, comme si l'âme de chaque convive reculait épouvantée devant tant de bonheur, et toutes ces belles intelligences, descendant des hauteurs de leurs pensées, se plongent et s'abîment dans une seule et même contemplation : la dinde truffée !

Oui, tu es grande, oui, tu es puissante, ô dinde truffée, ô chef-d'œuvre de ces chefs-d'œuvre culinaires que le génie humain a su élaborer pour le bonheur de notre pauvre race ! Oui, nous sommes peu de chose devant toi, et à voir l'abaissement quasi bestial où l'espoir prochain de te manger réduit les grands de la terre, on ne peut se défendre de murmurer mélancoliquement ces douloureuses paroles de Job :

« L'homme né de la femme vit peu de jours, et il est rempli de beaucoup de misères ; il naît comme une fleur qui n'est pas plus tôt éclose qu'elle est foulée aux pieds, il fuit comme l'ombre et il ne demeure jamais dans un même état. »

Oui, tu nous abaisses, hélas ! Mais, morbleu ! comme tu nous relèves ! Pascal l'a dit avant toi :

« S'il s'élève, je l'abaisse, s'il s'abaisse, je l'élève ! »

Ainsi fais-tu, quand, à ce court moment de défaillance

que ta grandeur impose à la nôtre, tu fais succéder si vite ce contentement parfait, cet épanouissement de tout notre être, bientôt suivis des plus exquises délices. Alors, à mesure que se succèdent, pareilles aux vers d'un poëme, les bouchées que notre langue savoure, notre intelligence et nos cœurs s'éclairent et s'échauffent par degrés, doucement, jusqu'à l'enthousiasme, jusqu'à la tendresse. La vie s'illumine de lueurs roses, les désirs légers voltigent autour de nous et nous caressent de leurs ailes, et dans le demi-sommeil du plaisir nous oublions jusqu'au nom des peines de la vie. Entre ces deux puissances de l'esprit et de la chair qui dans le cours ordinaire de notre existence se disputent misérablement notre faible cœur, il se fait une trêve ou plutôt une alliance, que toutes les facultés de l'âme et tous les organes du corps célèbrent à l'envi par leur enthousiasme et leur allégresse.

O dinde truffée! dans ce palais où tu entres en reine, la langue te salue et te caresse avec amour, tandis que de toutes parts jaillissent les sucs salivaires, comme autrefois jaillissaient les grandes eaux de Versailles à l'apparition du grand roi! Les pompes et les bascules de la glotte et de l'œsophage te happent, t'aspirent et te poussent avec des élans de triomphe, et ton entrée dans les royaumes de l'estomac est saluée d'un spasme de volupté! De veine en veine et de fibre en fibre, un inexprimable sentiment de bien-être se répand par tout le corps, épanouit le cœur, et monte enfin jusqu'à l'âme, qui tombe, attendrie et languissante, en d'exquises pâmoisons.

A quelles hauteurs ne s'élèverait pas ma muse si je voulais te suivre, ô dinde truffée ! jusqu'aux sommets sublimes où, sur l'aile de tes parfums, tu emportes la nature humaine ! Mais non : assez de poètes ont célébré tes philtres mystérieux, assez de philosophes ont médité les phénomènes psychologiques et physiologiques que tu suscites dans l'organisme, pour qu'il me soit interdit de mêler ma faible voix à leurs divins accords.

D'ailleurs, ainsi que je me flatte de l'avoir montré en maint endroit de mes écrits, la zoologie morale est une science austère qui se détourne des sentiers trop fleuris où les soi-disant sciences morales et politiques vont folâtrer inconsidérément, au risque (soit dit en passant), de déchirer aux épines des rosiers leur robe et celles de leurs disciples de l'un et de l'autre sexe...

Non : j'ai décrit ton anatomie physique et morale, j'ai raconté seconde par seconde cette glorieuse carrière qui, à travers les flammes du martyre, te conduit des portes de la basse-cour jusqu'au sanctuaire de la digestion : je n'ai plus, pour achever ma tâche, qu'à dévoiler aux yeux des peuples la grande vérité cosmique dont tu es le monument et le témoin.

Je le dis et je l'affirme hautement : un être qui joue dans le monde physique et moral un rôle pareil ; qui, par ses attraits irrésistibles, séduit tous les cœurs, exalte toutes les âmes ; qui maîtrise la raison, désarme les colères et, pour tout dire, mène le monde en le gouvernant par le ventre, cet être-là est plus qu'un produit culinaire. Ce n'est pas assez de dire que c'est une institution, pas même assez de dire que c'est un principe : il faut le proclamer comme formant un règne à part dans la nature, le règne physico-intellectuel, que la dinde truffée forme à elle toute seule, absolument comme l'homme forme le règne humain.

Et je le prouve.

Entre ces truffes qui végètent silencieusement dans un lieu inconnu de l'univers, et cette dinde inconsciente qui s'engraisse, ignorée du monde entier, au fond d'une loge obscure, il y a des liens aussi sûrs, aussi étroits, qu'entre les diverses parties d'un même organisme.

Vainement voudrait-on alléguer que la dinde éclôt d'un côté, que la truffe germe de l'autre, chacune dans l'indépendance native de son individualité particulière : l'individu n'est qu'un mot, et ce mot est vide de sens quand, comme il arrive ici, l'événement prouve que l'union de ces deux êtres un moment distincts peut seule constituer l'individu complet.

Or qui pourrait donc être assez insensé pour oser prétendre qu'on peut concevoir une dinde truffée faite d'une dinde sans truffes ou de truffes sans dinde ? Qui dit dinde truffée dit dinde et truffe tout ensemble : c'est un même et indissoluble concept, à la fois subjectif et objectif dans son entité comme dans ses accidents : il est donc indéniable, à moins qu'on ne prétende, ce qui est un blasphème, nier la création continuée, il est donc indéniable, dis-je, que la dinde truffée, au même titre que les animaux imaginaires, littéraires, symboliques, philosophiques, dont nous avons ailleurs démontré la réalité et décrit les mœurs, est un de ces animaux artificiels que le désir de l'homme a conçus et que son génie a réalisés par le même procédé dont il a usé pour créer tant de races inconnues : le procédé de la sélection.

De même que, d'un corps de lion et d'un buste de femme, il a fait le sphinx ; de même que, en accouplant une carpe avec un lapin, il a fait un produit incestueux demeuré malheureusement invisible jusqu'à ce jour, de même, en remplaçant dans le corps d'une dinde, par des truffes et du hachis, les viscères désormais sans usage pour le volatile qui les a perdus, il a véritablement créé de toutes pièces un animal nouveau, inconnu, inédit, et dont la formule s'accorde aussi bien, chose digne de remarque, avec le dogme de la création continuée qu'avec la théorie de Darwin : car il les confirme toutes deux quoiqu'elles soient contradictoires : mais peu lui importe.

Et quand on aura suivi attentivement dans toutes ses phases l'existence de la dinde truffée ; quand on se sera rendu compte de tous les faits et de toutes les considérations qui caractérisent son organisation à part, sa prépondérance dans la nature et son rôle supérieur dans l'ordre général de l'univers, à moins d'être un savant ou un âne, il faudra s'incliner devant le grand acte de justice et de vérité que la zoologie morale accomplit aujourd'hui en lui rendant le rang auquel elle a droit dans cette magnifique ordonnance de la création, où tout ce qui est bon a droit d'être placé et même mangé s'il y a lieu.

SAINT FRANÇOIS D'ASSISE

Si jeune et si nouvelle que soit la zoologie morale, il faut croire qu'un jour, parvenue à toute sa grandeur et brillante de tout son éclat, elle gravera son nom et ses titres à la suite de ceux des autres sciences. C'est à ce moment que j'aurai à faire les démarches et à produire les pièces nécessaires pour la faire reconnaître, classer et renter. En effet j'aurai alors, comme inventeur d'une science, ajouté à ce qu'on appelle « le trésor des connaissances humaines », c'est-à-dire, à ce fonds où l'on puise de l'argent pour récompenser les savants de leurs travaux et pour les empêcher de mourir de faim.

Eh bien, le croirez-vous? plus je vois s'approcher ce moment et plus je me sens pris d'inquiétude.

Quand je compare l'objet et la méthode de la zoologie morale avec ceux des sciences officielles, je me demande si la zoologie morale est bien une science : je vais plus loin, et cherchant si elle gagnerait beaucoup à être classée dans cette catégorie des produits de l'esprit humain, je demeure profondément perplexe. Or voyez la misère de ma pauvre tête : à force de me balancer aux oscillations de cette perplexité, j'ai eu le vertige, j'ai perdu par degrés la notion des idées établies, et j'en suis venu à me poser cette question : qu'est-ce qu'une science ?

D'abord abasourdi de ce choc intellectuel, je l'ai pris pour un de ces accidents psychologiques qui viennent parfois se jeter à la traverse de mes plus profondes élucubrations, mais la question a insisté et s'est plantée devant moi comme une sentinelle qui ne veut pas qu'on passe avant d'avoir raisonné. Il m'a donc fallu m'arrêter, prendre ma tête dans mes mains, me gratter l'oreille, et plus je cherche moins je trouve la réponse.

J'ai essayé de mille façons. Au commencement tout va bien : une science, me dis-je, est un corps de doctrine constitué d'un nombre d'observations et de faits suffisants d'où l'on déduit ou induit certains principes généraux et certaines lois constantes.

J'ai laissé les principes et les lois pour plus tard, mais je crains bien de n'y arriver jamais, car j'ai eu beau faire, je n'ai pas pu encore découvrir ce que c'est qu'une observation ou un fait scientifique.

Nous passons toute notre vie à voir des faits ; nous en produisons nous-mêmes ; notre sentiment et notre mémoire fonctionnent continuellement pour les observer et pour nous en garder le souvenir : mais bien que chacun de nous connaisse mille fois plus de faits qu'il n'en pourrait tenir dans toutes les sciences prises ensemble, comme ce sont des notions nécessaires et qui viennent naturellement par l'expérience de la vie, ils ne constituent pas une science et ce n'est pas savoir que de les connaître.

Voilà qui semble bien clair, n'est-ce pas ? Pourtant il n'y a rien de plus obscur.

Ce que je cherche pour déterminer l'objet et la nature de la science, ce qu'il me faut et qui manque, c'est précisément la distinction entre le fait empirique personnel et le fait scientifique. Sur quoi vous fondez-vous pour classer tel fait dans l'empirisme et tel autre dans la science ? En d'autres termes, quelle espèce de choses faut-il savoir pour être un savant et quelle espèce de choses suffit-il d'ignorer pour être un ignorant ?

Vous pouvez vous creuser la tête jusqu'à l'os, je vous défie de ne pas avouer que cette question est insoluble et que dès lors la distinction en vue de laquelle on la pose n'existe pas. Et je le prouve.

Il suffit de prendre au hasard deux points dans la durée ou dans l'espace pour voir que, suivant le temps ou le lieu, la même observation, le même fait, a été tantôt condamné comme erreur et tantôt proclamé comme vérité scientifique. Les annales de la médecine, par exemple, ne sont d'un bout à l'autre que l'histoire d'une de ces maladies de l'esprit humain ; on en peut dire autant de l'astronomie, de la physique, de la chimie, de toutes les sciences en un mot. Oserai-je dire que la philosophie elle-même... ? Oui, je l'oserai, et je hasarderai timidement cette allégation que chacun des philosophes qui se succèdent passe son temps, moitié à démontrer les erreurs de ses devanciers, et moitié à découvrir, pour servir d'objet aux démonstrations de ses successeurs, un certain nombre d'erreurs inédites avant lui.

Et la philosophie est la science des sciences, notez bien ce point-ci ! Je sais bien que les savants ne conviennent pas de cela : certainement, disent-ils, les autres se trompaient, à telles enseignes que nous l'avons prouvé : mais nous, c'est différent, nous sommes sûrs de ce que nous avançons parce que nous avons la vraie méthode.

Le malheur est que les savants de tous les temps et de tous les pays ont toujours eu la même prétention et l'auront évidemment tant que le monde ne sera pas fini ; et comme ce sont les mêmes qui ont mis en article de foi la fameuse idée du progrès, cette idée sert bien à créditer tour à tour chaque savant, mais pour décréditer du même coup ses prédécesseurs : la série de ces affirmations remonte en autant de démentis depuis le savant actuel jusqu'au premier de ses ancêtres scientifiques, et ce capucin de carte ne peut éviter d'être renversé par les autres qu'à la condition de les avoir d'abord renversés lui-même.

Pourtant, me disais-je, il y a des savants : ils existent, cela est certain, ils font des livres, ils professent, ils touchent des appointements ; je ne l'ai pas rêvé ! La morale, la politique, les chemins de fer, l'imprimerie à la vapeur, le gaz, la télégraphie électrique, ne sont-ils pas, entre mille autres, autant d'applications de la science ? Et si l'on compare ces résultats à ceux qu'ont produits les rêves et les spéculations des purs idéalistes, que trouve-t-on à mettre en balance ?

Oui, répétais-je en moi-même, que trouve-t-on à mettre en balance ?

J'avoue que je me sentais fort ébranlé et que j'allais passer condamnation peut-être, sans une idée qui me vint, et qui fut d'ouvrir ma fenêtre et de jeter un regard sur le monde.

Au bas de la rue je voyais pointer le clocher de l'église; à l'autre extrémité, tout en haut, la statue d'un héros opposant sa poitrine à l'ennemi. Vis-à-vis de ma maison, un aveugle était assis sous une porte, et à tout instant je voyais un passant se pencher et laisser tomber une aumône. Des gens de la police passèrent, emmenant un malfaiteur qu'ils venaient d'arrêter. De jeunes mères poussaient devant elles une petite voiture où dormait quelque bel enfant. Ici deux vieux époux, serrés l'un contre l'autre de cet air craintif propre aux êtres faibles, s'avançaient à petits pas, et semblaient heureux encore : là deux hommes graves, portant écrite sur leur visage l'histoire d'une noble vie, s'en allaient devisant ensemble d'un air de confiance et d'affection. Un vieux maçon, tordu sous le travail, montait lourdement la rue, les outils sur l'épaule, les pieds traînants, la tête basse; deux amoureux, que je reconnaissais de loin à leur sourire, passèrent à côté de lui et l'eurent bien vite laissé en arrière. Et pendant que les deux amants s'éloignaient d'un côté, je vis de l'autre, comme il arrive trop souvent, hélas! dans les quartiers voisins d'une église, s'avancer un char funèbre suivi d'une foule en deuil. Une large croix blanche, appliquée sur le drap mortuaire, semblait se coucher sur le cercueil comme pour l'étreindre dans l'embrassement d'un dernier adieu; des monceaux de fleurs pâles et de couronnes d'immortelles attestaient la douleur des amis du mort et leur foi dans la destinée suprême qui venait de s'accomplir pour lui...

Eh quoi! me disais-je, n'est-il pas là tout entier devant moi, ce monde indestructible de l'idéal, fait de sentiment et de nature? N'est-elle pas là tout entière, la vie, avec ses affections, sa foi, ses douleurs et ses espérances? En dehors de cela je ne vois rien que ce pavé couvert de boue, ces maisons, entassements de pierres insensibles, ces fumées noires qui se dispersent dans l'air. Les monuments mêmes que j'aperçois seront un jour des ruines, mais l'idée dont ils sont l'image ne périra point, et elle élèvera de nouveaux témoignages de sa jeunesse éternelle.

Et alors, s'étendant d'espace en espace et remontant d'époque en époque, ma pensée parcourut la terre et l'histoire. Le monde romain prosterné devant des idoles; trois cents millions de bouddhistes abîmés en extase devant le néant; Jésus-Christ, avec quelques paroles divines, renouvelant la face de la terre ; Jeanne d'Arc sauvant la France des Anglais ; les croisades ; les guerres de religion ; les luttes de peuple à peuple ; les exploits des héros ; les malheurs, les gloires, tout, jusqu'aux monuments élevés pour éterniser les grands souvenirs, procède de l'idée : et plus cette idée est opposée à l'opinion régnante, et moins on peut la démontrer, plus elle devient irrésistible et toute-puissante.

Or si je cherche maintenant quel rôle a joué la science au milieu de ces événements et de ces catastrophes, je vois que si elle a souvent et de plus en plus aidé l'homme, elle ne l'a jamais conduit : elle n'est pour lui qu'un serviteur : le maître, c'est l'idée.

Donc, balance faite des résultats, le gouvernement du monde moral appartient exclusivement à l'idée, mais à condition qu'elle ne puisse s'appuyer ni sur des observations ni sur des faits : alors, et alors seulement, dégagée des misères de la réalité et des fumées de la raison, elle éclaire les âmes et embrase les cœurs.

Ces réflexions me sont venues en lisant, dans les *Fioretti*, l'histoire de la vie et des miracles de saint François d'Assise. Voilà un homme qui, de son vivant, a exercé sur des populations entières un pouvoir sans contrôle et sans limite, tel qu'aucun souverain n'en eut jamais ; il est mort depuis sept siècles, et l'ordre qu'il a fondé, la règle de renoncement et de prosélytisme qu'il a imposée à ses disciples, survivent immuables et intacts à tout ce que sept cents années ont accumulé de ruines sur la terre.

Parlez de cet homme à un médecin, il vous dira : c'est un fou ; racontez cette vie à un philosophe, il vous dira : c'est un conte de fées. Mais lisez vous-même, et si, à mesure que vous lirez, vous ne sentez pas votre cœur s'attendrir, vos yeux se mouiller de larmes ; si votre raison ne chancelle pas éperdue, éblouie, devant cette vision surnaturelle, fermez mon livre, car nous ne saurions nous comprendre.

Saint François d'Assise nous montre la dernière limite d'idéal où se soit jamais élevée l'âme humaine. A force de jeûnes et de macérations il avait réduit peu à peu son corps à n'être plus qu'un fantôme ; à force d'amour et de prière, il avait fait de son âme un pur esprit libre de toute idée terrestre et toujours évanoui dans les pâmoisons de l'extase.

En cet état sa vie, suspendue entre le rêve et la réalité, n'est pour ainsi dire qu'une suite de visions et de miracles. Il reste quarante jours en extase dans une île du lac de Pérouse, sans manger pendant tout ce temps autre chose que la moitié d'un petit pain, et sans boire une goutte d'eau. Dans l'église de Saint-Pierre-de-Rome il voit Pierre et Paul ; Jésus-Christ, sous la forme d'un beau jeune homme, lui apparaît ; les disciples du saint, qui l'entourent, le voient aussi et tous tombent prosternés. Dans un repas qu'il prend avec sainte Claire, le couvent et l'église où ils sont réunis paraissent tout en feu. Un jeune frère voit Jésus, la vierge Marie et plusieurs saints, s'entretenir avec saint François pendant qu'il prie. Le saint guérit des lépreux, il convertit à la foi le soudan de Babylone, il ramène à Dieu trois larrons assassins. Il a le don de seconde vue, et en mainte circonstance il lit dans la pensée de ses disciples et de ses compagnons.

Mais ce qui lui donne une place à part dans la hiérarchie céleste, ce qui fait voir dans ce saint une âme pour ainsi dire unique dans l'histoire des âmes, c'est son pouvoir miraculeux sur les animaux.

A Savurniano, au moment où il se prépare à exhorter le peuple, il commence par imposer silence à des hirondelles, qui cessent leurs chants tant que dure le sermon.

« Se trouvant un jour entre Cannaio et Bevagno il leva les yeux et vit les arbres qui bordaient la route chargés d'une foule inombrable d'oiseaux, ce qui le surprit.

» — Attendez-moi sur la route, dit-il à ses compagnons, pendant que j'irai prêcher à mes petits frères les oiseaux.

» Il entra dans le champ et s'adressa d'abord aux oiseaux qui étaient à terre : mais aussitôt ceux qui étaient perchés s'abattirent, et pas un ne bougea de tout le sermon, et ils attendirent la bénédiction du saint pour s'envoler.

» Selon ce que raconta depuis frère Massée à frère Jacques de Marra, saint François se promenait au milieu de ces oiseaux, les touchant de sa tunique sans qu'aucun d'eux se dérangeât. »

Saint François adressa alors aux oiseaux une touchante homélie, où il leur représenta tous les bienfaits dont ils étaient redevables à Dieu, et combien ils devaient se garder du péché d'ingratitude et mettre tous leurs soins à le louer.

« Pendant que le bon père parlait ainsi, les petits oiseaux ouvraient leur bec, déployaient leurs ailes, et courbaient la tête jusqu'à terre, faisant signe par-là que le sermon les comblait de joie. Saint François se réjouissait avec eux, s'étonnait du nombre, de la belle variété, de l'attention et de la familiarité de ces oiseaux, et louait en eux le Créateur.

» Enfin, le sermon fini, il leur fit le signe de la croix et leur donna permission de partir. Alors tous ces oiseaux s'élevèrent dans les airs en faisant entendre des chants merveilleux et, selon la croix qu'avait faite saint François, se séparèrent en quatre bandes, dont l'une prit son vol vers l'orient, l'autre vers l'occident, la troisième vers le midi et la dernière vers le nord. Chaque bande remplissait les airs de ses chants, donnant à entendre par-là que comme saint François, ce gonfalonier du Christ, leur avait prêché et fait le signe de la croix selon lequel ils s'étaient dirigés vers les quatre parties du monde, ainsi la prédication de la croix du Christ devait s'étendre sur le monde entier, renouvelée par le saint et ses frères qui, à l'instar des oiseaux, ne possèdent rien ici-bas, confiant leur vie à la Providence. »

Vous voyez, sa vie n'était pas seulement un rêve

céleste, c'était un poème : par la seule force de son amour il faisait pénétrer son âme dans le sein des plus humbles créatures, et de son souffle il les envoyait au plus haut des cieux chanter les louanges du Créateur. Mais, ce n'est pas tout, et ce don de grâce et de poésie devenait à certains jours un pouvoir de domination devant lequel la rage même des bêtes féroces venait s'agenouiller et s'adoucir.

Pendant que saint François séjournait à Gubbio, un loup d'une grandeur et d'une férocité extraordinaires ravageait la contrée, dévorant les bestiaux, attaquant les hommes, répandant enfin une telle terreur que personne n'osait plus quitter la ville.

« Saint François, touché de la position de ces pauvres gens, résolut d'aller à la rencontre du loup, quoi qu'on fît pour l'en dissuader. Mettant toute sa confiance en Dieu, il fit le signe de la croix, et s'avança dans la campagne avec quelques-uns de ses compagnons ; ceux-ci craignant d'aller plus loin, il s'avança seul vers le repaire du loup.

» A l'approche de la foule venue pour être témoin du miracle, le loup se précipite, la gueule béante, vers saint François. Mais celui-ci s'avance, fait sur la bête le signe de la croix et l'appelle, disant :

» — Frère loup, je t'ordonne au nom du Christ de ne faire de mal ni à moi ni à qui que ce soit.

» O miracle ! aussitôt le loup ferme sa gueule et

s'arrête ; au commandement du saint il vient à lui doux comme un agneau et s'étend à ses pieds.

» — Frère loup, dit le saint, tu as commis bien des méfaits sur ces terres : non-seulement tu as détruit les créatures de Dieu, sans sa permission, mais tu as osé tuer des hommes faits à son image : en cela tu as mérité d'être pendu comme larron et exécrable assassin, et tout le monde a horreur de toi, s'acharne contre toi.

» Moi je veux te réconcilier avec tout ce monde, frère loup.

» Tu ne leur feras plus aucun mal, et eux ni leurs chiens ne te poursuivront plus.

» A ces mots, par les mouvements de sa tête et de sa queue, l'animal fit entendre qu'il respecterait l'ordre du saint. Celui-ci reprit :

» — Frère loup, puisque tu acceptes la paix, je te promets que les gens de ces contrées te nourriront tant que tu vivras, et tu n'auras plus à souffrir de la faim, car c'est elle qui t'a fait commettre tout ce mal.

» Mais puisque je te procure la paix, me promets-tu, frère loup, que tu ne nuiras plus désormais ni aux hommes ni aux bêtes ? Le promets-tu ?

» Le loup courba la tête et fit signe qu'il acceptait. Saint François continua :

» — Je veux, frère loup, que tu me donnes une garantie qui me permette de me fier à ta promesse.

» Et il lui tendit la main.

» Le loup leva la patte de devant et la posa dans la main du saint comme garantie de l'engagement.

» — A présent, frère loup, je t'ordonne au nom de Jésus-Christ, dit le saint, de me suivre sans crainte et de venir avec moi cimenter cette paix au nom de Dieu.

» Le loup le suivit, doux comme un agneau, ce qui étonna beaucoup les habitants de Gubbio, où cette nouvelle se répandit promptement.

» Aussitôt hommes et femmes, grands et petits, jeunes et vieux, d'accourir sur la place pour voir le saint suivi du loup. La foule étant réunie, saint François se mit à la prêcher, disant :

» — C'est à cause de nos péchés que Dieu permet de tels fléaux : mais plus dangereuse est la flamme de l'enfer pour les damnés, parce qu'elle durera éternellement, que ne peut être la rage du loup, qui ne saurait tuer que le corps : combien donc est à craindre la bouche de l'enfer, alors que tant de gens craignent la dent d'un petit animal ! Revenez donc à Dieu, frères, et faites pénitence selon vos péchés. Dieu vous délivrera de la dent du loup dans le temps et du feu de l'enfer pour l'éternité.

» Après ce sermon saint François continua :

» — Écoutez-moi, mes frères : frère loup que voici m'a promis de faire sa paix avec vous et de ne jamais vous léser en quoi que ce soit : vous, vous vous engagerez à pourvoir à sa subsistance, et je me porte caution qu'il tiendra sa promesse.

» Toute l'assistance s'engagea, d'une voix unanime, à nourrir le loup, et en leur présence le saint dit :

» — Frère loup, promets-tu de n'offenser plus ni gens ni bêtes ? Respecteras-tu le traité de paix ?

» L'animal s'agenouilla, courba la tête, et par des signes pacifiques de la queue et de la tête fit voir qu'il s'engageait.

» — Je veux une garantie de ta promesse, poursuivit le saint : fais voir que je puis me porter caution pour toi.

» Le loup leva la patte droite et la posa dans la main de saint François.

» A ce spectacle le peuple, étonné de la dévotion du saint, de la nouveauté du miracle, et de la paix avec le loup, se mit à pousser des cris de joie, à louer Dieu et à le bénir pour avoir envoyé parmi eux saint François qui les avait préservés de la dent cruelle de la bête.

» Le loup vécut familièrement à Gubbio pendant deux ans. Il pénétrait dans toutes les maisons sans faire de mal à personne et sans qu'on lui en fît.

» Il mourut de vieillesse, au grand regret des habitants, auxquels sa douceur rappelait les mérites, les vertus et la sainteté de saint François. » (FIORETTI, OU PETITES FLEURS DE SAINT FRANÇOIS D'ASSISE, trad. de M. Ch. Sainte-Foi, Ch. XVI et XXII.)

Certes il faudrait avoir un cœur de rocher pour demeurer insensible à l'adorable naïveté de cette histoire, et celui qui, après l'avoir entendue, parviendrait à prouver qu'elle n'est pas vraie, pourrait se vanter d'avoir désenchanté notre âme d'un des plus doux rêves qui puisse la bercer jamais. Cependant, lorsque j'eus bien lu et relu cette légende, tout en essuyant la petite larme qui m'était échappée à cause de la mort édifiante du loup, je ne pus pas m'empêcher d'avoir un instant de doute, et j'allai jusqu'à murmurer en moi-même :

— Si pourtant ce n'était pas arrivé ?

Pardonnez-moi cette courte défaillance, car elle dura peu.

Je me demandai si en définitive, à l'heure qui sonne actuellement, le consentement universel des hommes est d'accord sur ce que c'est que la vérité ; si les savants sont convenus d'une règle infaillible pour déterminer la certitude.

Sait-on d'où viennent les idées, comment elles se forment, de quoi elles se forment ?

Et qu'est-ce que c'est qu'une idée ?

Je n'ignore pas que certains prétendent que tout est matière, mais je sais que pour d'autres l'idée seule a une existence certaine, parce que nous ne connaissons rien que par elle, et moi je suis de leur avis : nous sommes, au surplus, les uns et les autres à peu près d'accord que les idées ont besoin des sens pour se former ou tout au moins pour se manifester : mais dans quel état les prenez-vous, les sens ? Vous les voyez tantôt calmes, tantôt agités ; l'enthousiasme et le génie ne les troublent pas, ne les exaltent pas moins à de certains moments que ne font, dans d'autres, les passions ou les maladies.

L'exaltation guerrière ou religieuse d'un seul homme ne s'arrête pas toujours à lui : elle peut, par un phénomène collectif dont nous sommes tous les jours témoins, devenir contagieuse et entraîner des foules et des peuples dans un même transport.

Et si, comme c'est presque toujours le cas, il se trouve que ce qui a été fait de plus grand et de plus beau par les hommes l'a toujours été dans ces moments-là ; si nous retrouvons invariablement le surnaturel et le merveilleux à l'origine de tous les peuples et à la source de toutes leurs croyances ; si enfin la religion, la vertu, l'honneur, la gloire, l'art et la poésie, en un mot, ce que l'homme a de plus cher ici-bas, ne vit et ne respire que par le rêve et par l'enthousiasme, c'est-à-dire par l'oubli de la réalité, de quel droit prétendriez-vous refuser à l'extatique la clairvoyance mystérieuse que vous accordez au somnambule et même au cataleptique ?

Vous appelez surnaturel quoi ? Ce qui passe votre intelligence : mais à quoi distinguez-vous ce qui est naturel de ce qui ne l'est pas ? A la mesure de ce que vous savez, pas davantage, et rien ne vous dit qu'un jour, mieux éclairés sur le mode d'action des sens et sur les relations des êtres entre eux, vous ne découvrirez pas comment certains états de l'âme ou du corps peuvent étendre la portée de ces sens et mettre à nu la trame du réseau universel de la vie ?

Quand je me vis ainsi, de branche en branche, arrivé au sommet de l'arbre de l'idéal, j'avoue que j'eus un peu peur. Je ne pouvais pas m'expliquer comment moi, que mes amis, surtout ceux qui sont irréligieux, traitent de sceptique, j'avais pu faire pour monter si haut, et je voyais encore moins comment je pourrais faire pour en redescendre.

— Je crains, me disais-je avec quelque tristesse, de ne pas porter la même conviction dans l'esprit de tous mes lecteurs : peut-être un petit nombre seulement d'entre eux haussera les épaules de ce que je viens de dire : mais quel malheur pour ma gloire si tous les autres allaient me rire au nez ?

Toutes les fois qu'il vous arrivera, au cours d'une méditation ardue, de vous heurter à quelque objection fâcheuse du genre de celle-ci, croyez-moi, ne vous y butez pas : laissez là votre méditation et allez faire un petit tour de promenade. C'est ce que j'appelle « renouveler l'air dans le cerveau ». C'est qu'en effet il n'y a rien de pire pour l'intelligence que de rester toujours dans la même atmosphère : il lui faut le grand air de la nature pour respirer à l'aise. Là tout s'éclaire, tout s'arrange en ordre dans les idées, et souvent ce qui semblait une sottise au fond d'un cabinet devient, au grand jour de la réalité, un trait de lumière.

Je sortis donc : et le hasard de ma flânerie m'ayant conduit devant la loge d'un dompteur d'animaux féroces, j'entrai.

Le dompteur qui faisait là ses exercices était bien l'être le plus fantastique que j'eusse jamais rencontré dans les spectacles de ce genre. Avec ses grandes bottes jaunâtres, sa culotte de velours roux, sa large ceinture rouge et sa chemise débraillée, il était fait comme un brigand. Ses mouvements saccadés, sa désinvolture étrange et sauvage, donnaient à toutes ses actions quelque chose de mystérieux et d'effroyable. Sa face, dont les saillies et les dépressions semblaient ébauchées à coups de marteau, était tellement éraillée de fentes, tellement marbrée de taches et de plaques jaunes, rouges et noires, qu'on aurait dit un masque fait de vieux plâtras. Deux petits yeux sans regard reluisaient sous ce masque.

Avec un ricanement stupide il entra dans une cage où était enfermé un épouvantable lion à crinière noire, et là, ricanant toujours et avec des gestes et des poses que je n'ai vu faire qu'à lui, il prit ce lion, il le caressa, il le battit, le fit sauter, ramper, demander grâce ; il mit sa tête dans la gueule du monstre, il le fit coucher et s'étendit dessus ; enfin, pour donner la marque suprême de son pouvoir sur le lion, il l'enfourcha et se fit promener ainsi autour de la cage. Et alors, ouvrant une communication avec les cages voisines, il fit entrer un léopard, un ours, une panthère, un loup, deux chacals, un tigre. Toutes ces bêtes rampaient et se tordaient autour de lui, lui jetant d'affreux regards, traînant leur mâchoire à terre ; de temps à autre il leur criait d'une voix rauque un commandement : à chaque fois la bête se révoltait, mais à chaque fois, d'un coup de fouet, il l'amenait à ses pieds docile et repentante comme un chien qui demande pardon à son maître.

Quand la représentation fut finie, je ne pus résister au désir de voir de près cet homme et de lui parler. Il me parut encore plus épouvantable. J'eus peine à tirer de lui quelques paroles, car il était ivre. Je lui demandai, naturellement, comment cette vocation lui était venue, comment il s'y était pris la première fois pour entrer dans ce terrible métier :

— Ma foi, me dit-il, ça m'est venu comme ça. Je n'ai pas été élevé là-dedans, moi. J'étais laboureur de terre. Quand j'ai vu que pas un cheval ni un bœuf ne pouvait me résister... j'en faisais ce que je voulais... sans rien... là, comme ça, je me suis dit que peut-être j'en ferais de même à n'importe quelles autres bêtes. Et alors, voilà, je suis entré dans la cage d'un lion et il m'a obéi comme à son maître. Les autres, je m'y fie pas, voyez-vous : mais Brutus, mon lion noir, là, c'est mon ami ; les autres ont peur de lui et quand ils cherchent à me mordre il me défend. Ah! c'est une fameuse bête, allez! Quand j'ai bu un coup de trop, des fois, que je ne suis pas bien solide sur mes jambes, il se met debout devant moi, et avec ses pattes il me tient droit contre la cloison pour m'empêcher de tomber : sans ça les autres, vous comprenez, se jetteraient sur moi, et ça ne serait pas drôle! me dit-il avec son effroyable ricanement.

Je rentrai chez moi, et m'étant allongé sur mon divan de travail, je réfléchis.

— Je viens de voir, me dis-je, quelque chose d'incomparablement plus surprenant que ce que la légende attribue à saint François d'Assise. D'un autre côté il est de fait que vingt fois, en traversant les Tuileries, j'ai vu des gens qui, avec un peu de mie de pain pour tout talisman, savent charmer les moineaux et les ramiers au point qu'à de certains moments ces oiseaux voltigent comme un nuage autour de ces charmeurs. Et parce qu'on me raconte dans une légende des faits analogues qui peuvent d'ailleurs s'expliquer de même et sont moins extraordinaires, j'hésite à y croire. Pourquoi? Ah! voici: j'admets qu'un paysan puisse dompter les lions et les tigres, j'admets que le premier venu puisse charmer des oiseaux, parce que je l'ai vu : c'est un fait et une observation, tandis que, le reste, on me le dit...

Fort bien, mais alors, à ce compte-là je dois donc douter de tout ce qui ne s'est pas passé sous mes yeux : du premier trait de plume rayons l'histoire, qui n'est faite que de traditions et de témoignages.

Voyons, là, de bonne foi, si saint François d'Assise n'avait pas, aux yeux des incrédules, le tort d'être un saint, est-ce qu'on le chicanerait si aigrement pour un pauvre loup à qui il a fait « donner la patte » et pour une petite fois qu'il a rassemblé autour de lui quelques oiseaux un peu plus sensibles que les autres au charme de sa sympathie et à l'harmonie mystérieuse de la parole de Dieu?

Hé quoi! pour des mots vides de sens, pour des erreurs

manifestes, pour des mensonges impudents, la sotte engeance des hommes se passionne, écume, enrage, et va parfois jusqu'à s'entre-déchirer ; et au nom de la raison et de la science on me défendrait, quand mon cœur palpite, quand mes larmes coulent, de croire ce que je sens vrai !

Non, non, si c'est à ce prix qu'il faut faire admettre une science dans la nomenclature officielle des billevesées sérieuses, je renonce. La zoologie morale ne veut pas être une science : elle sera un art, un sentiment, une idée...

LA GAVEUSE

Ce n'est pas pour me vanter, encore moins pour faire envie aux autres savants, que je dis cela, mais vraiment plus j'avance dans la zoologie morale plus je suis content de l'avoir inventée.

Certainement cela me donne beaucoup de peine : ce n'est pas une petite affaire que d'observer et d'analyser tant de bêtes, d'étudier leurs mœurs, de disséquer leur cœur et de distiller leur cerveau. Mes frais sont énormes : d'abord des omnibus, des tramways et des bateaux-mouches, qu'il me faut prendre à tout instant pour aller en Afrique, en Amérique, etc., lorsque j'ai à étudier un animal exotique. Et puis cela coûte gros de loger et de nourrir des pensionnaires tels que mon lion, mon éléphant, par exemple, qui mangent comme quatre ; sans parler de ceux qu'il faut habiller pour les présenter décemment devant le public. Ainsi j'ai de singes toute une troupe que je dresse en ce moment et qui me dépense un argent fou en maîtres de danse, de pantomime, de gymnastique et de philosophie, sans rien gagner ; et encore ils m'abîment et me salissent toutes mes affaires.

Mais enfin n'importe : l'amour de la science et mon

dévouement pour l'humanité me soutiennent dans cette tâche pénible. D'ailleurs je trouve dès à présent, en attendant mieux, une récompense à mon travail dans la conscience du bien que je fais à mes concitoyens et à moi-même.

En effet, je ne sais si je me fais illusion, mais il me semble que le propre des spéculations de la zoologie morale est de porter l'homme à la bienveillance ; de le guérir de son orgueil et par conséquent de ses ridicules ; de le nourrir enfin de cette douce philosophie qui consiste à préférer le bon sens, l'indulgence, la justice et la gaîté, à toutes choses, y compris tous les autres systèmes de philosophie — quels qu'ils soient — sans exception.

Oui, je crois pouvoir le dire avec quelque larme dans la voix : la zoologie morale rend bon enfant.

C'est sous l'influence de cette heureuse sérénité d'âme que j'entrai l'autre jour dans un établissement que je n'hésite pas à qualifier d'inouï : je veux parler de ce qu'on appelle « la Gaveuse ». C'est au Jardin d'acclimatation.

Vous montez un perron, vous payez dix sous, vous passez par un tourniquet, et vous vous trouvez dans une galerie entre deux grands vitrages. Derrière ces vitrages sont les *gaveuses*.

Sur un des côtés d'une immense cage cylindrique, un balcon mobile pouvant s'élever, s'abaisser et se déplacer à droite ou à gauche à l'aide d'engrenages, de chaînes et de contre-poids, porte un réservoir muni d'une pompe et d'un tuyau et rempli de mangeaille liquide. Une pédale fait mouvoir la pompe, dont le tuyau est terminé par un ajutage ; un manomètre à aiguille permet de régler la force du coup de piston. Chaque volaille a un numéro pendu au-dessus de sa loge ; ce numéro indique la force du coup de piston à donner.

Un monsieur monte sur le balcon, saisit d'une main la tête de la volaille qui est devant lui, lui fourre, de l'autre main, le tuyau de pompe dans le bec, presse du pied la pédale, et la volaille a dîné : jusqu'au repas suivant la voilà absolument dégagée de toute inquiétude pour l'avenir, et libre de se livrer à ses pensées sans que de basses préoccupations d'intérêt matériel puissent venir troubler ses méditations.

Ils sont là quatre cent quarante, tant poulets que canards. Tous ont l'air parfaitement heureux, et même, je me plais à le reconnaître, notablement spirituels.

Ces poulets ont positivement quelque chose de vif, d'animé, d'éclairé, de supérieur, d'inspiré, de grandiose, qui rappelle d'une manière frappante la physionomie d'un... « simple citoyen » du centre gauche ! Ces canards ont quelque chose de satisfait, de bouffant, d'ample, de fin, de goguenard : on voit que ce sont des gens qui ne désirent plus rien, car ils sont arrivés, et qui ne regrettent rien, car ils sont revenus de tout excepté d'eux-mêmes.

Je restai longtemps devant ce spectacle, qui m'impressionnait au-delà de ce que je saurais dire, et qui, grandissant de minute en minute à mes yeux, prenait par degrés des proportions de plus en plus philosophiques et de plus en plus humanitaires.

A force de voir s'agiter ces têtes de poulets et de canards, presser la pédale, monter et descendre le monsieur qui gave, tourner la cage, la puissance de la méditation, favorisée par le papillotement de mes yeux, me plongeait peu à peu dans un état voisin de l'hypnotisme. Des bâillements nerveux, avant-coureurs du souffle de l'enthousiasme, m'annonçaient l'approche d'une de ces conceptions gigantesques qui, à un moment donné, sortent tout armées du cerveau d'un homme de génie, et je crus un moment que j'allais accoucher d'une Constitution : ce n'était qu'une simple apocalypse.

Mais cette apocalypse m'a révélé de telles choses que je me croirais coupable de ne pas les communiquer à ma patrie. Il ne s'agit de rien moins en effet que de :

L'abolition radicale et définitive de toutes les questions politiques, sociales et humanitaires ;

La démolition de la morale et sa reconstruction sur un alignement nouveau et sur un plan définitif ;

Par suite :

La suppression de toutes les révolutions et de toutes les guerres ;

Et, pour compléter cet ensemble de mesures salutaires :

L'expropriation, pour cause d'utilité publique, moyennant une juste et préalable indemnité, de toutes les industries qui se rattachent à la politique.

Je ne sais ce qui se passa en moi... Sans transition, je me trouvai tout à coup devant un immense et merveilleux édifice tel que mon imagination même n'en aurait jamais rêvé.

Il avait la forme d'une tour ronde, mais tellement élevée que je n'en apercevais pas le sommet. Il était entièrement construit d'or, de perles, de rubis, de saphirs, d'émeraudes et de diamants. Ses assises, composées de colonnades superposées à l'infini, présentaient des rangées de loges toutes exactement pareilles et décorées de lustres étincelants, de tentures, de tableaux, de statues et de fleurs les plus rares ; dans des encensoirs et des cassolettes fumaient la myrrhe et l'encens.

Au pied de la tour, et l'environnant de toutes parts, une foule immense circulait par groupes. Il y avait : des hommes en blouse qui hurlaient ; des figurants habillés en Romains, qui applaudissaient avec transport ; des jeunes filles en blanc, qui portaient des bouquets ; des malandrins armés de fusils et vêtus de chemises rouges, ayant à leur tête un vieux polichinelle en manteau gris ; des danseuses et des filles qui se livraient à toutes sortes de sarabandes impudiques ; des chars remplis d'or et d'argent ; des troupes de marmitons et de cabaretiers portant des dindes truffées, des pâtés, des tonneaux de vin et des brocs d'eau-de-vie. Tout cela chantait, criait, et de temps en temps s'arrêtait pour s'agenouiller et tendre les bras vers la tour avec des gestes d'enthousiasme frénétique.

Dans chacune des loges de la tour était un homme assis ou debout, mais ne changeant jamais de place. Il avait sur la tête une couronne d'or. Il portait la main à son cœur, saluait et pleurait. Il prononçait continuellement un discours.

Un personnage à peu près habillé comme le Dante surgit tout à coup à côté de moi. Il considérait l'édifice avec la satisfaction d'un intéressé au courant de la chose : je crus pouvoir me permettre de lui demander quelques renseignements.

— Vous voyez devant vous, me dit-il, la GAVEUSE HUMANITAIRE. Cet admirable édifice, qu'il serait plus juste d'appeler une institution, est le monument définitif et indestructible du bonheur de l'humanité.

— Comment ! lui dis-je, les hommes vont être heureux ?

— Oui, me dit-il, on a trouvé ! A force d'être éblouis par l'évidence, les hommes se sont enfin habitués à sa lumière et ils ont reconnu que tous les malheurs qui frappent la communauté ont pour seule cause les besoins, les désirs, les convenances, d'un certain nombre d'entre eux. Pour y donner satisfaction, ceux-là mettent tout sens dessus dessous, et ne cessent de le faire que lorsqu'ils ont obtenu la somme de jouissances qu'ils jugent leur être due.

Et l'histoire de tous les peuples montre qu'on ne peut pas les en empêcher.

Eh bien, dans un congrès de toutes les nations du

globe, on a fini, après de solennelles délibérations, par décider qu'on élèverait aux frais du genre humain l'édifice que vous voyez, où tout homme dangereux pour ses semblables est enfermé, pour y être gavé à perpétuité de tout ce que le plaisir, la richesse, l'amour, l'ambition et la sottise, peuvent donner de jouissances : c'est le temple des sept péchés capitaux, autrement dit : Panthéon de la politique.

Là, baignant au milieu de toutes les voluptés de la vie, ils se gorgent nuit et jour d'une félicité inamovible : inamovible, car ils ne peuvent faire d'autre mouvement que de se lever ou de s'asseoir, ayant les pieds pris dans des bottes dont la semelle est vissée au plancher. Ils passent leur temps à jouir, à faire des discours et à entendre des applaudissements. Ce sont les gens les plus heureux et les plus inoffensifs du monde : la plupart font des cours de morale ; ils sont tous spiritualistes énergiques. Grâce à cette utile institution, vous voyez là, réduits à une heureuse impuissance, des hommes qui, s'ils étaient restés libres, auraient déchaîné sur toute la terre habitée des maux incalculables.

Je m'approchai de la tour pour regarder les gavés du premier rang des loges :

— Voyez-vous ? me dit mon guide, à chaque loge est fixée une plaque de marbre noir où sont gravés les crimes que ces hommes nuisibles auraient commis si on n'avait pas satisfait à leurs « légitimes » aspirations.

— Tout cela est fort bien entendu, dis-je à mon guide.

mais comment n'a-t-on pas prévu qu'un pareil établissement doit attirer de telles convoitises, qu'avant un mois il sera pris d'assaut par la troupe des affamés qui couvrent l'univers ?

— Pour cela, il n'y a rien à craindre, me répondit mon guide, et il poussa un bouton qui se trouvait sous son pied.

La tour s'enfonça dans la terre, et me réveillant en sursaut je me retrouvai au Jardin d'acclimatation, dans la galerie des *gaveuses*.

L'ARAIGNÉE

Pauvre fil, qu'autrefois ma jeune rêverie,
Naïve enfant,
Croyait abandonné par la Vierge Marie
Au gré du vent,
Arraché par la brise à son voile de soie,
Fil précieux !
Quel est le chérubin dont le souffle t'envoie
Si loin des cieux ?

Moi je peux vous le dire : c'est une araignée.

Voilà les hommes ! Ils n'ont pas assez de mépris ni de dégoût pour cette pauvre bête ; ils la trouvent sale, tandis quelle est d'une exquise propreté : mais s'agit-il de faire des vers, de chanter des romances, et surtout de donner à l'erreur ou au mensonge un aspect agréable, le premier brin de fil qui vole leur suffit pour y suspendre un rêve... C'est une indignité !

Quand je dis : une indignité, j'espère que vous ne donnerez pas à ce mot plus de portée que je n'y en attache moi-même... Je ne voudrais pourtant pas vous empêcher de temps en temps, quand l'amertume de la réalité vous monte aux lèvres, quand le cœur est gros, que l'air pèse, de suspendre un rêve, un tout petit, bien léger, bien vague, à ce fil blanc qui vient on ne sait d'où, qui va on ne sait où : c'est bon et cela ne fait de mal à personne.

Car enfin, moi qui vous parle, je l'ai fait plus d'une fois, quand j'étais petit, de suivre pendant des heures le vol mystérieux de ces flocons qui me semblaient vivants tant ils étaient libres et capricieux dans leurs mouvements. Soit que je les visse se perdre dans le ciel, soit que, descendant lentement dans l'air immobile, ils vinssent se poser sur les fleurs, mon imagination voltigeait au gré de leur fantaisie, et sur ces fils aériens je croyais voir courir des sylphes et se balancer des fées. Et quand, apportés par un souffle de la brise, ils venaient s'attacher à mes cheveux ou s'enrouler à mes doigts, le cœur me battait, je retenais ma respiration, je demeurais immobile, de peur de briser ce lien frêle ! Pourquoi, je l'ai su depuis : je sentais alors, sans m'en rendre compte, que ce lien-là me rattachait à l'idéal.

Lorsque fut venu le temps de me former l'esprit et le cœur, on commença par me désabuser de tous ces gracieux mensonges qui m'avaient fait voir jusque-là dans la vie les merveilles des contes de fées, et le jour où j'appris que les fils de la Vierge n'étaient qu'un produit d'origine terrestre, je me mis à les recueillir en pelotes et je les apportais à ma bonne en la priant de m'en faire des bas...

Il n'y a pas longtemps que je vis un tableau charmant. Sur un fond bleu pâle, la Vierge filait sa quenouille, et les brins de la soie divine s'en allaient, descendant à travers l'immensité vers la terre. Je restai longtemps en contemplation devant ce tableau, qui me rappelait si doucement une des illusions les plus chères de mon enfance, et vraiment je me demandais si j'étais bien avancé, et si c'était la peine d'être devenu si savant?

Quoi qu'il en soit les fils de la Vierge suffiraient déjà pour donner une bien haute idée de la puissance industrielle de l'araignée. Ces flocons sont produits par de longs fils que jettent au hasard les jeunes araignées qui ne savent pas tisser leur toile ; devenus plus pesants par l'effet de l'humidité, ils s'affaissent, se rapprochent et se réunissent. L'apparition en est considérée comme un signe de beau temps. Ces flocons peuvent parfois devenir assez abondants pour produire une véritable pluie de coton. A Lisbonne on a vu un jour le Tage couvert, pendant une demi-heure, de ces flocons et de milliers d'araignées qui nageaient à la surface de l'eau. Le fait a été consigné dans les Mémoires de l'Académie de Lisbonne par M. Mendez Trigoso.

Mais ce n'est pas tout. Au printemps ou dans les matinées de brouillard de l'arrière-saison, il n'est pas rare de voir les prés et les chaumes, à perte de vue, absolument couverts d'un glacis brillant qui réfléchit si bien la lumière, qu'on peut prendre de loin un champ pour un lac ; pour ma part je me rappelle y avoir été trompé, un matin que je voyageais dans les montagnes du Dauphiné. Lorsqu'on y regarde de près, on voit que de chaque brin d'herbe ou de paille part un fil d'araignée qui le rattache au brin voisin. Imaginez quatre ou cinq hectares de terrain ainsi couverts de fils entrecroisés, à raison de huit à dix centimètres de fil par chaque brin, et essayez de calculer la longueur totale du fil ! Si les araignées sont en grand nombre pour faire un pareil travail, il faut que ce nombre soit incalculable, et voilà de quoi donner une idée inattendue de l'importance de cette espèce : si au contraire elles sont peu nombreuses, quelle puissance de production faut-il reconnaître à ces étonnantes ouvrières ! La probabilité est qu'elles sont peu nombreuses, comme toutes les bêtes de proie, et pour qu'elles croient nécessaire de tendre ces pièges gigantesques de plusieurs kilomètres carrés, il faut que la proie soit bien clairsemée et bien rare : car en supposant qu'un fil sur dix attrapât un insecte, ce serait plus que n'en pourraient consommer en un repas toutes les araignées du canton.

Tout est admirable dans le travail de l'araignée : la perfection de l'outillage, l'adresse de l'ouvrière et l'exécution du travail. La soie est sécrétée par des glandes qui la produisent aussi vite qu'elle est dévidée, car une araignée file d'un seul trait trois ou quatre fois la quantité de soie que ces glandes pourraient contenir. La soie sort par des tubes articulés, effilés, et dont le bout est criblé de trous comme une pomme d'arrosoir ; seulement, la pomme d'arrosoir étant grosse comme la tête d'une aiguille, vous voyez d'ici ce que peuvent être ces trous et le fil qui en sort. Ce fil, que l'œil distingue à peine, est cependant formé de plusieurs brins. D'après Réaumur, il sort, de chacun des quatre mamelons des filières, mille fils environ.

L'araignée a plusieurs moyens de dévider sa soie. Elle l'attache à un point et s'éloigne : c'est sa principale manœuvre lorsqu'elle fait sa toile ; mais parfois elle se laisse tomber, et alors son poids fait dévider le fil ; dans certains cas elle le lâche dans l'air et le laisse s'allonger et flotter jusqu'à ce qu'il s'accroche à un objet éloigné, et alors ce fil forme un va-et-vient sur lequel elle traverse l'espace.

La soie sert à construire la toile, à former la demeure de l'animal, et enfin à fabriquer le cocon où seront enfermés les œufs.

L'araignée, suivant son espèce, travaille différemment: elle est donc pourvue d'un système de crochets tantôt simples et tantôt fourchus. Quand l'animal veut filer, il commence par tirer le premier bout du fil à l'aide d'un crochet dentelé, ensuite il le passe entre les dents du crochet fourchu, et enfin quand il veut le fixer il le dégage du crochet fourchu à l'aide d'un crochet simple ; le fil fixé, il le reprend avec un crochet simple, le remet entre les dents du crochet fourchu, et recommence à marcher : et ainsi de suite.

Les diverses espèces d'araignées ont des habitations ou des toiles qui diffèrent beaucoup. Quelques-unes, comme l'*Épeire diadème,* celle qui a sur le dos des marques blanches et qu'on voit sur les arbustes des jardins, se tiennent tout simplement au centre de leur toile. D'autres ont une toile mais se tiennent dans une sorte de fourreau qui est à une certaine distance et qui communique avec la toile par un fil ; ce sont celles qui servent de proie à certains oiseaux : ainsi cachées elles échappent à leur ennemi. La grande araignée noire qu'on voit dans les maisons et qu'on appelle la *Tégenaire domestique* fait sa toile d'un tissu serré, relevé aux angles et formant un hamac, et elle se loge dans un tube qui est ordinairement appuyé contre le mur. Ce genre de toile d'araignée est très utile à appliquer sur les coupures pour arrêter le sang.

Le cocon de l'araignée est une chose merveilleuse. Il se compose d'abord d'une bourse suspendue en l'air par des fils tendus ; dans ce sac, dont elle tasse bien le fond, elle met des débris de plâtre, de terre, de petites coquilles, pour y donner du poids ; et alors elle y dépose son cocon, non pas directement posé, mais suspendu à l'intérieur du sac par des fils attachés dans toutes les directions, et soutenu par une toile tendue sur l'orifice du sac ; sur cette toile l'araignée s'établit et se tient constamment jusqu'à l'éclosion.

Il y a des araignées qui vivent simplement dans une fente de mur qu'elles tapissent : telle est cette petite araignée grise à pattes courtes qu'on voit sur les murailles. Celle-là chasse d'une façon très singulière :

quand elle voit un insecte sur le mur, elle se place au-dessus, attache un fil, et se laisse tomber, décrivant avec son fil un quart de cercle qui fauche l'espace parcouru et atteint l'insecte.

L'*Épeire diadème,* l'araignée des jardins, construit des toiles à jour qui sont de véritables filets. Elle vit d'insectes ailés, et il faut que sa toile soit presque invisible, sans quoi elle n'attraperait rien. Tout le monde a pu voir comment, dès qu'une mouche est tombée dans la toile, l'araignée se précipite dessus, l'enveloppe de fil, et accrochant à sa patte l'animal ainsi garrotté, l'emporte au milieu de la toile, le mord à l'épaule, et se met à le dévorer.

Rien de plus intéressant que de voir une de ces araignées construire sa toile. Elle commence par tendre quelques grands fils de façon à former une espèce de carré. Elle trace une diagonale ; au milieu de cette diagonale elle fixe un fil ; elle retourne au bout, laissant dévider sa soie, et passant sur le fil qui forme un des côtés du carré, elle fixe sa soie à quelque distance du point d'attache de la première diagonale ; elle repasse alors par la première diagonale, et arrivée au point central elle tend le fil qu'elle vient d'attacher, de façon qu'il forme un angle avec le premier, et continuant ainsi de suite, elle forme une figure composée de rayons. Alors elle va au bord, elle tourne en reculant continuellement, de cercle en cercle, jusqu'au centre. Chaque fois qu'elle passe sur un rayon, elle fixe son fil. Ainsi se trouvent formées ces toiles qui ressemblent presque à une épure de géométrie.

On peut voir dans les remises des auberges et dans les étables des toiles d'araignées très grandes que les paysans se gardent bien de détruire, et ils ont raison, parce que ce sont autant de pièges où vont se prendre les mouches qui tourmentent le bétail.

Dans certaines contrées équatoriales on peut voir des toiles d'araignées tellement gigantesques qu'elles vont d'une rive à l'autre d'un cours d'eau. Elles sont assez apparentes pour faire parfois, disent les voyageurs, un charmant effet dans le paysage. Au reste les araignées de ces pays-là sont en proportion de leurs toiles. A Maurice il y a une certaine *Araignée crabe* dont le corps est gros comme un œuf de poule, dont les pattes sont longues d'un pied et grosses comme un tuyau de plume d'oie ; celle-là prend des oiseaux dans ses toiles et les mange.

Si l'on pouvait douter de la supériorité de l'araignée, les soins tout particuliers que la nature a pris d'elle suffiraient à convaincre les plus prévenus. Les griffes varient de disposition selon la nature de ses travaux, au point de devenir de véritables cardes chez les plus fines tisseuses. Mais la disposition elle-même des yeux change conformément aux mœurs de chaque espèce. « L'animal est-il chasseur, dit M. Émile Blanchard, est-il destiné à une vie errante, ses yeux, rapprochés, postés sur une éminence arrondie, lui permettent d'apercevoir à la fois dans toutes les directions et la proie et l'ennemi ; doit-il demeurer à découvert et toujours à la même place, ses yeux sont largement disséminés ; doit-il se tenir à l'affût dans un tube, ses yeux sont rangés tout en avant sur le front, et le nombre en est amoindri ; ceux que l'on trouve placés en arrière chez les espèces qui ne se tiennent pas presque toujours cachées, étant devenus inutiles, ont disparu. »

Il faudrait un volume pour raconter tout ce que sait faire l'araignée. Certainement les fourmis et les abeilles sont admirables comme association, mais l'araignée est encore plus étonnante, parce qu'elle travaille seule et qu'elle vit des seules ressources de son industrie. Et ceci est d'autant plus intéressant que l'araignée, il ne faut pas se le dissimuler, est un animal de proie : or considérez tous les carnassiers, les serpents, les requins, les oiseaux de proie, il n'y a rien de plus grossier et de plus brutal que leurs procédés : c'est la force unie à la lâcheté. L'araignée, au contraire, est fine et adroite comme un chasseur, et selon les conditions de sa vie elle sait varier ses moyens.

Pour donner une idée des ressources et du génie de cette merveilleuse ouvrière, nous choisirons trois espèces dont les travaux sont particulièrement intéressants.

Il y en a une, en Syrie, qui n'a ni toile ni trou : elle vit dans le sable, sur les plages au bord de la mer. La manière dont elle élève sa famille est des plus curieuses. Vivant dans le sable, elle n'a pu songer à se faire une demeure fixe au milieu de ce sol incessamment mobile : alors elle a imaginé d'installer sa progéniture dans un abri mobile lui-même. Quelle forme donner à cette maison sans cesse couverte et recouverte par les vagues du sable ? Une boule ! Elle a fait une boule de terre et de sable, et quoi qu'il arrive elle peut toujours la dégager et la déplacer. Il faut que la boule soit toujours exposée au soleil pour que les petits puissent éclore. Et alors elle s'en va, roulant sa boule et ne la lâchant ni jour ni nuit. Si un autre animal cherche à attaquer la boule, elle fait face, s'y adosse, y pose ses deux pattes postérieures et tourne ainsi, présentant toujours le front à l'ennemi. Je ne sais pas son nom : appelons-la l'*Araignée boule*, et envoyons-lui une pensée sympathique, car elle la mérite bien, n'est-ce pas ?

La *Mygale* procède autrement : celle-là vit dans la terre, où elle se creuse une demeure : c'est une espèce de tube soigneusement tapissé d'une chaude et lisse tenture de soie. Mais à une maison il faut une porte : la Mygale en fait une avec la terre qu'elle a rejetée de son trou, et qu'elle applique par couches sur une pièce de forte soie : c'est comme un couvercle à charnière. La bête a soin de donner à l'ouverture une coupe conique, et de faire aussi coniques les bords de la porte, de façon à ce que celle-ci ne puisse s'enfoncer ni se forcer dans l'ouverture. Ce n'est pas tout, il faut une serrure : la Mygale a percé dans l'épaisseur du couvercle des trous qui se prolongent dans la paroi, et elle y fourre ses griffes, qui deviennent ainsi des verroux. Quand elle sort, elle laisse retomber sa porte, que nul ennemi ne saurait découvrir, parce qu'elle a eu soin d'y semer des grains de sable, des débris de feuille ou des fétus de bois.

Mais voici qui dépasse tout. Il y a une araignée qui vit sous l'eau, bien que d'ailleurs elle ne puisse pas plus se passer d'air que les autres ; il lui faut de l'air, et il faut qu'elle soit sous l'eau. Comment faire ?

C'est bien simple : elle construit une cloche à plongeur, l'enfonce sous l'eau, l'attache aux herbes de la rive, et vit là-dessous de la provision d'air qu'elle a emmagasinée sous la cloche. Réfléchissez un peu à ce qu'une pareille entreprise exige de génie pour la concevoir et d'habileté pour l'accomplir ! Le fait est là, mais certainement si nous le trouvions dans la mythologie nous aurions le droit de le mettre au rang des fables les plus effrontées que nous aient léguées les anciens.

Cette araignée est très connue des naturalistes : on l'appelle l'*Argyronète*, ce qui veut dire en grec « fileuse d'argent. »

Au reste plus on étudie les araignées plus on voit combien c'est l'intelligence éclairée, et non l'instinct aveugle, qui les dirige. Dans la mission qui fut envoyée il y a quelques années à Madagascar, un jeune naturaliste, le docteur Vinson, avait remarqué au centre de la toile d'une araignée un gros fil blanc plié en zig-zag. Pendant de longs jours il avait observé l'araignée sans pouvoir parvenir à découvrir l'usage de ce fil, lorsqu'un jour il vit une sauterelle tomber dans la toile. A l'instant l'araignée court au gros fil, s'en saisit, et s'en sert pour garrotter la sauterelle. Ainsi cette araignée sait qu'une sauterelle peut tomber dans sa toile ; que sa toile ne peut résister au poids de cet insecte ; que son fil ordinaire ne suffit pas pour le maîtriser, et elle conclut en fabriquant un câble spécial pour ce gibier exceptionnel.

Sans disputer des goûts à propos de l'impression plus ou moins agréable que peut produire l'aspect d'une araignée noire se promenant sur notre oreiller, il faut du moins reconnaître qu'il y a sur les raisins, sur les rosiers, de petites araignées écarlates ou vertes qui sont de vrais bijoux ; le faucheux n'a rien de dégoûtant, et son passage à travers la salade ou les œufs rouges, loin de semer l'épouvante et l'horreur, anime plutôt un déjeuner sur l'herbe, car, comme tout être doué de grandes jambes et de grands bras, cet animal est très gracieux.

Aux Antilles il y a dans les jardins une espèce de faucheux qu'on appelle l'*Araignée arlequin;* c'est magnifique : elle est noire, rouge, verte, bleue et blanche, mais par anneaux de nuances aussi vives et aussi tranchées que celles d'un papillon. Malheureusement on ne peut pas en juger dans les musées, parce qu'aussitôt morte elle perd ses couleurs, comme nos libellules bleues.

Je ne comprends pas qu'on n'ait pas encore eu l'idée d'en faire venir de vivantes et de les installer au muséum, dans la serre des reptiles, à côté des mygales d'Amérique.

Je demande qu'on y installe aussi une argyronète et une mygale d'Europe, et qu'on les fasse travailler sous les yeux du public.

Les araignées vivent assez longtemps : Audebert en a vu vivre trois ans. Le même observateur a constaté qu'elles peuvent faire jusqu'à trois pontes dans l'espace de huit mois, et cela à la suite d'une seule fécondation. M. Walkenaer a compté, dans les cocons qu'il a ouverts, depuis cent cinquante-cinq jusqu'à cent soixante œufs.

A part quelques espèces étrangères, l'araignée est inoffensive. La piqûre de la *Tarentule* passe, comme on sait, pour donner une espèce de maladie dansante : la *tarentelle,* danse napolitaine bien connue, serait une imitation de cette maladie étrange. Il y a à la Guadeloupe une araignée qu'on appelle l'*Araignée de vingt-quatre heures,* nom significatif et sinistre, mais qui est exagéré : tout au plus la piqûre de cette araignée produit-elle de la fièvre et encore est-ce douteux.

Sans parler de celle de Latude, il est constant que l'araignée en général est susceptible d'une certaine affection. La musique l'attire et la charme, ce qui est déjà une présomption en sa faveur; son dévouement maternel est extrêmement touchant, et de plus intelligent, ce qui ne se rencontre pas toujours : mais il ne faut pas s'en étonner quand on considère combien cet animal met d'esprit à tout ce qu'il fait.

A force de voir filer les araignées, on a fini par se demander s'il ne serait pas possible d'utiliser leur soie pour le tissage, chose d'autant plus praticable qu'on peut, lorsqu'on tient un bout du fil de l'araignée, dévider cette pauvre bête comme on dévide une bobine. Un industriel a monté, sous le règne de Louis XIV, une filature de toiles d'araignée et des ateliers de tissage de ce fil : c'eût été dommage pour l'humanité qu'il ne se fût pas trouvé parmi elle un aimable aliéné pour donner un corps à cette gracieuse folie.

Ce qui est certain, c'est que Louis XIV, et ce sera là un des plus beaux traits de son règne, a porté un habit de soie d'araignée. Malheureusement il s'en est dégoûté, et l'industrie naissante en est morte. Voilà ce que c'est que d'être blasé : être assez puissant et assez riche pour avoir un habit impossible, invraisemblable, insensé, fantastique, et s'en dégoûter! Ah! que n'ai-je un habit de toile d'araignée! Je n'aurais qu'à me montrer pour attraper tous les insectes que je voudrais. J'aurais des mouches, des mouches, à ne savoir qu'en faire... Et moi qui aime tant les animaux!

Mais bah! laissons cela : je sais que je ne serai jamais assez riche pour subvenir à mes passions.

Je vais toucher maintenant à un point délicat : il faut que je vous parle des amours des araignées.

Ce sujet, toujours un peu brûlant par lui-même, se complique ici de difficultés à la fois particulières aux amants et personnelles à moi-même. Je dois ajouter que des intérêts de l'ordre le plus cher et le plus élevé peuvent être mis en péril par les révélations que j'ai à faire. Aussi ai-je hésité très longtemps avant de me décider à publier cette partie de mes travaux : mais des amis prudents m'ont suggéré un moyen de tout concilier, c'est de n'écrire que pour les hommes, et c'est ce que je fais. Je préviens donc les hommes que tout ce qui va suivre ne s'adresse qu'à eux, avec recommandation expresse de n'en souffler mot à aucune femme au monde, car une indiscrétion pourrait leur coûter la vie. Voilà qui est entendu ? Maintenant je vais tout vous dire.

Eh bien, entre nous, j'ai vu ça ! Oui, vu, de mes yeux vu ! Pendant plus d'une heure j'ai suivi toutes les péripéties de ce roman de l'araignée, depuis la déclaration jusque... enfin vous m'entendez bien. C'est tout ce qu'on peut imaginer de plus extraordinaire.

D'abord elles ont huit pattes, ce qui quadruple l'intérêt, car vous remarquerez que nous n'en avons que deux, nous, pour exprimer par des gestes bien sentis la passion qui nous dévore.

Mais ce dernier mot m'amène tout de suite à vous révéler une particularité bien autrement tragique de ces amours-là, puisque ce que nous disons, quand nous sommes bien amoureux, à titre de simple métaphore, est vrai au pied de la lettre pour le soupirant de l'araignée. Il joue sa vie, le malheureux ! et quand, attiré par une passion irrésistible, il s'aventure sur le tapis aérien du boudoir où l'attend la bien-aimée, il ne sait pas s'il en reviendra. Quelle situation ! et lequel faut-il admirer le plus, de son amour ou de son courage? Mais d'un autre côté, aussi, comme ils doivent être aimés, ceux qui ne sont pas mangés!

Mangés, me direz-vous, et comment, par qui?

Par leur fiancée! Le voilà, ce secret plein d'horreur, et vous voyez d'ici ce qui arriverait si les femmes venaient à le savoir : elles seraient capables de vouloir imiter ce pernicieux exemple!

Donc, le mâle qui ne lui plaît pas, l'araignée ne se contente pas de le repousser, elle le mange. Alors vous comprenez quelle perplexité! S'il recule, c'est renoncer à jamais connaître l'amour, et la mort est préférable : s'il avance, il s'expose à être dévoré, sans qu'il lui reste même l'espérance de retrouver une meilleure occasion.

J'observais, le cœur palpitant, les manœuvres du mâle. Je n'aurais pas osé lui donner un conseil : mais j'avais alors vingt-cinq ans tout au plus, et je me disais en moi-même :

— Ah! si j'étais à sa place, comme j'avancerais!

Il avançait, mais il reculait; avançait encore; levait une patte; tâtait prudemment la toile; s'arrêtait. Quelquefois il faisait un pas, mais la femelle, d'un haut-le-corps terrible, l'épouvantait et glaçait tout son courage. Les minutes passaient et rien ne se décidait.

A la manière variée dont le mâle touchait la toile, il était évident qu'il cherchait à se rendre compte des véritables dispositions de la femelle. Tour à tour pinçant et grattant les fils, il ressemblait à un amant qui joue de la mandoline au pied du balcon de sa belle, et qui exprime par son chant ses désirs, ses espérances ou ses craintes. Sa romance pouvait se traduire ainsi :

> Un malheureux amant, incertain de vous plaire,
> En tremblant vous offre ses vœux ;
> Il cherche à lire dans vos yeux
> S'il doit craindre votre colère.
> Il voudrait bien vous adorer :
> Ce qui le retient, c'est la crainte
> De vous blesser... Dites sans feinte
> Si votre intention est de le dévorer?

Je ne sais si cette poésie avait touché le cœur de la belle araignée, mais il faut croire qu'une palpitation de son sein, un frémissement, un regard, la trahit, car je vis tout à coup le mâle se précipiter sur elle. Il y eut là quelques secondes d'un intérêt poignant, une étreinte à seize pattes, dont les ébouriffements de certaines balayures de tapis peuvent seules donner une idée.

Mais presque aussitôt le groupe des deux amants se dénoua, et tandis que le mâle faisait le grand écart en étalant ses huit pattes, la femelle se renversait, comme par un tour de trapèze, au-dessous de la toile.

Ici je pourrais entrer dans des détails circonstanciés sur ce que je vis ensuite, mais « les bornes de ce travail » ne me permettent pas de suivre les choses jusqu'au bout. Je puis du moins vous décrire la toilette des deux amants, et ce n'est pas la partie la moins merveilleuse du spectacle que j'avais sous les yeux, car il faut vous imaginer qu'ils avaient tout le corps constellé de petites boules phosphorescentes de nuances variées. Je voyais donc là, de mes yeux, briller la flamme de l'amour, car c'est lui qui illuminait ainsi, comme pour une fête, les flancs où il soufflait ses ardeurs.

Quand ce fut fini je remontai dans ma chambre et je me mis à réfléchir profondément sur ce que je venais de voir. Ces amoureux à huit pattes, cet amour au trapèze, cette illumination phosphorique, ces vers chantés par une araignée, cette menace de mort suspendue sur la tête de l'amant, tout cela bouleversait les idées que je m'étais faites jusque-là sur le plus doux des sentiments de la nature.

Voilà donc enfin, me disais-je, une créature pour qui l'amour est réellement frère de la mort! Pourquoi? Par quelle loi sévère faut-il que ce soit justement un des animaux les plus méritants, les plus distingués, qui ait été condamné à payer de sa vie le bonheur d'aimer dont tant d'autres animaux jouissent en paix? Et que ne doit-on pas penser de cette femelle? Faut-il que Dieu ait une haute opinion d'elle pour lui avoir donné ainsi droit de vie et de mort sur ses amoureux! Ainsi, rien que de lui déplaire, c'est un crime capital!

Il faut qu'il y ait une raison à cela, et la raison je la découvre dans la supériorité intellectuelle même de l'araignée. Pour que cette race puisse se maintenir au degré de supériorité dont elle a besoin pour vivre, il faut que la procréation en soit accomplie par des reproducteurs de choix. Et voilà pourquoi la femelle a été investie du droit de haute et basse justice pour supprimer les galants mal tournés.

Et de là revenant aux conditions de la vie de l'araignée, à ce travail exceptionnel que la nature lui impose pour gagner sa vie, j'arrivai peu à peu à reconnaître qu'il y a là une loi générale, et qui lie d'autant plus sévèrement les créatures que leur fonction est plus élevée dans la vie universelle : si bien qu'on peut dire que chacun souffre ici-bas d'autant plus qu'il est plus méritant. C'est vrai pour l'homme, vrai pour les bêtes. Dieu a dit à l'araignée : « Tu aimeras dans la mort », par la même raison qu'il a dit à l'homme : « Tu mangeras ton pain à la sueur de ton front », et à la femme : « Tu enfanteras dans la douleur ». Oui, c'est évident, l'épreuve est le signe qui marque les élus, et c'est pour cela qu'après avoir bien cherché où sont les vrais héros, on finit par reconnaître que *ceux qui supportent* sont à tout prendre ce qu'il y a de plus grand parmi les hommes.

Hélas ! l'espèce humaine aussi a ses araignées, et elle en compte autant qu'il y a de par le monde de gens qui tendent au vent ce réseau fragile où le malheureux accroche ses pauvres espérances, où le rêveur balance ses brillantes illusions. Plus d'un aussi parmi nous, en s'aventurant sur certaines de ces toiles, n'a-t-il pas vu reluire la mort au fond d'un regard de femme ?

C'est une chose étrange combien, à mesure qu'on observe la nature, on voit tout s'y réduire à des différences de forme et de grandeur. A travers cette diversité infinie, dans l'ordre moral, dans l'ordre physique, il n'y a qu'une seule loi comme il n'y a qu'une seule âme.

LE ROSSIGNOL

La nuit est venue. Des profondeurs de la vallée, elle a monté comme une mer sombre, et les derniers rayons du soleil couchant se sont enfuis de cime en cime pour disparaître enfin derrière les collines qui bornent l'horizon. Quelques nuages, tout à l'heure rutilants comme une fournaise, ont bientôt pâli, puis se sont évanouis dans l'espace. La lune descend ardente et rouge ; elle se plonge lentement dans la nuit, elle s'efface, et bientôt, au-dessus de ce noir océan qui couvre la terre, on voit scintiller dans l'immensité du ciel les splendeurs des étoiles.

La terre repose : dans le vague murmure de la brise à travers le feuillage, il semble qu'on entend le souffle de la nature endormie.

Quel silence et quelle harmonie !

Combien, à mesure que je contemple ces espaces ouverts devant moi, je vois s'en reculer les bornes et s'en creuser les profondeurs ! Anéanti dans ce vide, perdu dans cet infini, l'homme se sent diminuer peu à peu et n'être plus qu'un atome. Son âme le quitte et s'élance, les ailes étendues, dans l'immensité de la vie universelle...

La douce nuit ! O Nature ! que tu es belle, mais que tu es majestueuse, et que la parole humaine est faible à rendre l'harmonie de ton silence !

Sous les splendeurs de la voûte étoilée, sous les mille regards de flamme qui la contemplent du fond des abîmes éternels, sous l'attraction souveraine de ces mondes qui l'entraînent à travers l'espace, on dirait que la Terre, silencieuse et voilée comme une fiancée pudique, s'abandonne aux caresses de son bien-aimé.

Quelle est donc la loi secrète qui vient ainsi chaque nuit suspendre la vie de tous les êtres ? Sous ce voile d'ombre qui les cache, dans ce silence et dans ce repos où elles sont comme anéanties, pourquoi ces millions de créatures, tout à l'heure agitées des mouvements et des passions de la vie, sont-elles maintenant muettes, sourdes et insensibles ? Tout est peuplé, tout fourmille d'êtres vivants : la tourterelle est sur son nid, l'aigle dans son aire, la bête fauve dans son antre, l'insecte sous son brin d'herbe, mais jusqu'à ce que les premiers rayons du jour viennent les réveiller, pas un d'eux ne fera un mouvement, pas un d'eux ne poussera un cri.

O sommeil de la nature ! ô nuit sombre dont les profondeurs voilent tant de mystères, qui oserait vous troubler ?

Trois notes, longues, lentes, graves, s'élèvent solennellement au milieu du silence de la nuit, et aussitôt, partant comme une explosion de mélodie, cent fusées harmonieuses jaillissent et ruissellent, se pressent, se confondent, se dépassent et vont éclater jusqu'au ciel!

Puis tout à coup la voix s'abaisse, se voile et devient si douce qu'il faut se pencher pour l'entendre. Et alors elle se balance, elle se berce en un faible murmure, et le chanteur fait résonner tour à tour la quarte, la quinte, l'octave, passant de l'une à l'autre comme pour les essayer. A mesure qu'il chante, le rythme devient plus fin, plus délicat; c'était une fantaisie, puis un rêve caressant: maintenant c'est une confidence pleine de la plus douce mélancolie et de la plus infinie tendresse.

Il s'arrête un moment, puis il reprend.

Un long sifflement, un fil vibrant à peine... et peu à peu ce faible son s'allonge, s'étend, s'amplifie, et ses ondes sonores, s'élargissant et se multipliant par degrés rapides, éclatent enfin et retentissent, dans les longs échos des bois, comme l'hymne sacré sous les voûtes d'une cathédrale.

Encore un repos.

Maintenant il ne chante plus : il parle.

Des notes brèves, profondes, graves, sourdes, tantôt simples, tantôt répétées ; ici coupées par des silences, là mêlées d'une courte roulade en sourdine, tout cela se suivant, s'enchaînant, montrant le développement d'une pensée : car qui oserait prétendre que le hasard seul dicte ces inflexions si variées, ces expressions si détaillées et si énergiques en même temps? Et surtout comment expliquer ces retours et ces combinaisons analogues des mêmes effets ? Ne sont-ce pas des mots, ne sont-ce pas des phrases, qui reviennent, et le jeu libre de ce gosier qui les articule n'est-il pas l'exécution d'une volonté réfléchie et libre elle-même ?

Il a recommencé sa chanson, et le voilà qui de nouveau jette ses folles roulades, comme des poignées de perles, à tous les hasards de la fantaisie. Tout ce que le caprice a de plus soudain, la joie, de plus glorieux, la tristesse, de plus doux, l'amour, de plus ardent, vient tour à tour se moduler dans ce chant étrange dont l'intensité semble redoubler à mesure qu'il se prolonge ; et plus je me laisse aller au charme irrésistible qui m'entraîne, plus je sens que la nature, à cette heure solennelle, est pour moi tout entière dans ces étoiles qui brillent et dans cet oiseau qui chante.

Qui donc es-tu, frêle créature, pauvre être misérable perdu dans la foule des infiniment petits et des infiniment faibles, qui donc es-tu, pour qu'à toi, et à toi seul, il soit permis d'élever la voix à l'heure où tous les autres animaux, où l'homme lui-même, subissent la loi du silence et du repos ?

Pourquoi, toi qui n'as ni l'intelligence, ni la force, ni la beauté, la nature t'a-t-elle doué de cette voix, assez puissante pour remplir la solitude et le silence des nuits d'été, assez mystérieuse pour troubler le cœur même de l'homme ? Pourquoi t'a-t-elle enseigné d'une manière si précise et si parfaite l'art de faire résonner l'instrument incomparable qu'elle n'a donné qu'à toi ? Je le vois, je le sens : dans ce moment où je t'écoute, l'âme tout attendrie et le corps tout frémissant d'un vague émoi, tu remplis sur la scène de la nature un rôle plus grand que le mien : car je suis l'homme, et c'est moi qui écoute ; je suis l'homme, et à tes accents qui m'entraînent, je voudrais m'élancer dans le vague de la nuit, je voudrais m'envoler vers ces mondes dont les rayons de feu me regardent et m'appellent !

Chante ! chante encore, encore, toujours ! Mon cœur se gonfle, mes yeux se remplissent de larmes, et dans ta voix, dans ta voix touchante et passionnée, c'est l'âme universelle, c'est mon âme elle-même qui chante et que j'entends !

Ah ! t'avoir choisi si petit et si faible pour te donner une voix de souverain et de dominateur, avec le souffle inspiré de l'artiste ; avoir mis dans ton chant merveilleux ce que la musique a de plus suave et ce que la passion a de plus tendre ; t'avoir caché comme un amant, sous la feuillée des grands arbres, la nuit, au printemps, pour envoyer des sérénades aux étoiles, LUI seul a pu le faire, n'est-ce pas ? LUI, la lumière ! LUI, le feu ! LUI, la vie ?

Le Rossignol. Tu l'as dit : **L'AMOUR**.

LE COCHON

« Sauf vot'respect », disent les gens de la campagne. Pourquoi? Voilà un des problèmes qui m'ont le plus cassé la tête dans ma vie. Pourquoi le nom seul de cet animal est-il considéré par les villageois comme une incongruité dont il faut s'excuser? Dans certains pays on tourne la difficulté: on s'en tire par un calembour burlesque et on appelle le cochon: « Ein habillé de souè. » Cette hostilité, ce mépris de tout un peuple, me disais-je, seraient la plus abominable des iniquités si rien ne les justifiait. Or plus j'examinais le cochon, plus j'arrivais à reconnaître que, de tous les reproches qu'on lui fait, il n'en est pas un seul qui soit fondé, et que ses prétendus défauts ne sont que les conséquences du régime auquel on le soumet. L'homme met donc tout uniment ses propres sottises sur le dos du cochon, que je m'engage à laver de tout reproche et à montrer blanc comme neige, pourvu qu'on me donne un baquet d'eau et un commissionnaire pour faire nettoyer la bête.

Non: lorsque vous verrez, à côté d'une maison de pauvre apparence, une loge à moitié crevée, infecte, malsaine, bourrée de mille horreurs, et là-dedans, se vautrant et baignant dans l'ordure, une masse gonflée, crottée, crevassée, terminée par un groin qui souffle, coule et bave, croyez-vous que vous serez juste en imputant comme un crime à cette misérable créature le supplice que son maître lui fait endurer? Le véritable cochon n'est pas dans cette loge : passez-moi cette réflexion sévère mais juste.

Le cochon est sale parce qu'on ne le tient pas propre, glouton et lascif parce qu'on le gorge de nourriture, paresseux parce qu'on ne lui fait rien faire, laid parce qu'on le défigure en l'engraissant. Mais un cochon bien élevé est aussi propre que tout autre animal ; il est de plus très affectueux et très intelligent.

J'ai connu une dame qui en avait nourri un au biberon et qui avait peine à se débarrasser de lui tant il l'accablait de caresses.

En 1810 ou 1811, je vous parle de longtemps, on vit paraître à la Guadeloupe un cochon savant, avec un jabot et des manchettes, et qui jouait aux dominos; disait l'heure, comme le célèbre Munito, et désignait la plus jolie personne de la société aussi facilement que s'il avait déterré une truffe.

En 1816, à Montayran (Drôme) et en 1832, dans une ferme de Mont-Saint-Jean (Mayenne), deux cochons devinrent chauves de douleur et de saisissement pour avoir vu assassiner sous leurs yeux les personnes qui leur donnaient des soins. Les cochons marrons, qui vivent à l'état sauvage en Amérique, s'organisent en troupes, et donnent, à se défendre contre les bêtes féroces, des exemples admirables de tactique, de discipline et de courage.

La chasse au sanglier est une des plus nobles, des plus dangereuses ; cet ennemi, que les rois eux-mêmes sont fiers de combattre, c'est tout uniment un cochon, seulement, un cochon non civilisé. Et quand on refuserait de s'incliner à tant de marques de grandeur, quel est le penseur qui ne tombera pas à genoux quand je l'aurai forcé de se souvenir que sans le cochon nous n'aurions pas la truffe !

Les anciens avaient coutume de dire qu'on ne peut juger un homme que quand il est mort. Montaigne, après eux, a dit là-dessus des choses charmantes : à quelle hauteur ces grands philosophes ne se seraient-ils pas élevés s'ils avaient su tourner le vol de leur génie vers ces régions sublimes où la mort élève le cochon (sauf vot'respect) ? C'est celui-là qu'on ne peut juger équitablement qu'après sa mort ! C'est pour celui-là que le trépas est une apothéose !

S'il est vrai, comme personne ne le nie, que la fin de l'homme ici-bas soit le bonheur, et que le bonheur suprême soit de bien manger et de bien boire, quel est le bienfaiteur de l'humanité dont la gloire ne pâlisse devant la tienne, ô cochon ?

Du sein du malheur et de l'abjection où tu demeures plongé durant ta vie, qui mieux que toi peut en appeler de l'injustice de tes contemporains, qui te méprisent, à la justice de la postérité, qui te déifiera ? Qui mieux que toi peut se consoler des amertumes de cette vallée de larmes par l'espérance d'un monde meilleur ? Et le meilleur des mondes n'est-il pas celui où l'on mange de bons saucissons pour ouvrir l'appétit, des cailles en caisse bardées de fin lard pour l'épanouir, des dindons truffés pour l'enthousiasmer, de succulents pouddings à la graisse pour le combler : toutes choses dont chacune, par un bienfait insigne de la Providence, appelle et exige un vin différent, de plus en plus fumeux et de plus en plus exquis à mesure que le dîner s'avance et qu'on a bu davantage ?

Or quel est le roi de cette fête ? Quel est le bienfaiteur de ces malheureux ? Qui nourrit ces pauvres affamés ? Quelle est la source de cette pure joie, la fontaine de ces inexprimables délices ?

Lui, toujours lui, lui partout !

Les jeux olympiques eux-mêmes sont tombés sous les assauts de la barbarie, et Sophocle ou Pindare chercheraient en vain un établissement public où se procurer une palme : mais lui n'a qu'à se présenter au prochain village : il trouvera, là ou un peu plus loin, des hommes graves et élevés en dignité, qui le couronneront, feront publiquement son éloge et le donneront en exemple à l'auditoire. Son maître seul, il est vrai, recueillera le grossier bénéfice d'argent attaché à ce qu'il appelle bassement « le prix de cochons », mais cet argent sera bien vite bu, tandis que la gloire restera, et au jour de l'abatage, des inscriptions héroïques, tracées par la main grassouillette d'une charcutière dodue, en rappelleront le souvenir aux peuples.

Là, débarrassé d'une tête importune et indigne de lui, dégagé de l'enveloppe vulgaire qui, sous le nom plus vulgaire encore de couenne, lui servait d'habit de voyage pendant sa rapide traversée sur le fleuve de la vie, il offrira à la reconnaissance et à la vénération des hommes ses flancs entr'ouverts tout remplis d'appétissantes promesses. Son péritoine et son épiploon, découpés en fines dentelles, flotteront comme un voile de mystère autour de son thorax et de son abdomen purgés de tout résidu et de toute entraille. Par un mécanisme ingénieux, un artisan habile y aura caché sous une touffe d'herbes et de fleurs un petit jet d'eau dont la gerbe s'élancera jusqu'au sommet de la voûte.

Au-dessus et de chaque côté de ce sanctuaire gastronomique, des aunes de boudin et des chapelets de saucisses, entrelacés à des feuillages de laurier, festonneront de leurs guirlandes des trophées de jambons de Westphalie, de mortadelles de Bologne, de pieds truffés et de saucissons de Lyon. Aux pieds du cochon on verra sa tête, transfigurée glorieusement en hure de sanglier, parfumée de pistaches d'Alep et de fines épices de l'Inde et de Ceylan ; en avant s'étalera une dinde bourrée à crever d'un hachis fait de la chair du héros et des dernières truffes qu'il aura déterrées pour le bonheur de l'humanité !

Et les peuples en délire viendront se prosterner devant ses dépouilles augustes ; les artistes, mourant de faim comme à leur ordinaire, adresseront à ses mânes succulents des prières enflammées, et les poètes exténués par le jeûne lui chanteront des hymnes divins ! L'économiste clairvoyant se réjouira de voir les forces de cent peuples et les ressources de cent climats employées à préparer ou à consommer un produit « si éminemment rémunérateur » ; le philosophe austère tirera de cette scène de profitables et fructueux enseignements sur « le culte des intérêts matériels ».

Et le pauvre diable qui aura vendu le cochon s'en retournera bien content : il fera à sa bête une oraison funèbre qui en vaut bien une autre, et qui est la moralité de cette folie :

— Tiens, ma femme, j'ons vendu not'cochon : v'là trois cents francs. Pauvre bête ! c'était un bon enfant. Sans lui je ne sais pas comment nous passerions l'hiver !

LA SAINT ROCH

« Saint Roch, né à Montpellier en 1295, d'une famille riche, donna son bien aux pauvres et partit à vingt ans en habit de pèlerin pour l'Italie. Trouvant cette contrée en proie aux ravages de la peste, il se dévoua au service des pestiférés, guérit beaucoup de malades sur sa route, surtout à Rome, et fut lui-même atteint à Plaisance. De peur de communiquer le mal il alla se cacher dans une solitude où il faillit succomber : mais il fut découvert par le chien d'un gentilhomme nommé Gothard ; cet homme le recueillit et le guérit. Il revint au bout de plusieurs années dans sa patrie, qui était alors en guerre; pris pour espion, il fut arrêté et jeté en prison. Il y mourut en 1327, sa fête est célébrée le 16 août. »

S'il faut que je vous ouvre mon cœur, ce que je fais, du reste, volontiers, je dois vous confesser une faiblesse qui vous expliquera mon faible pour saint Roch : c'est que j'adore les chiens. Or celui de saint Roch est si fidèlement inséparable du souvenir de ce bienheureux, qu'on dit toujours « saint Roch et son chien », et que cette locution est passée en proverbe pour parler des amis qui ne se séparent jamais ; et je ne peux pas m'empêcher de me dire qu'il faut que le bon Dieu porte une affection particulière à saint Roch, pour lui avoir, par une faveur unique, permis d'amener son chien en paradis.

Et croyez bien qu'aimant le saint il doit aussi aimer la bête : vous savez : « qui m'aime aime mon chien ». Et quel mal y aurait-il à croire le cœur de Dieu assez grand pour qu'il s'y trouve un coin où le chien de saint Roch ait une toute petite niche à part ?

Je vais plus loin, et je soutiens que ce n'est pas une hérésie de croire que la compagnie de cette aimable bête est agréable aux bons habitants du paradis.

Et quand on irait jusqu'à prétendre que saint Roch s'amuse là-haut à lui faire faire « le soldat » ou « le mépris des richesses », et que quelques vieux saints ses amis, appuyés sur leur bâton, regardent en souriant, je ne vois pas que se serait manquer de respect ni aux uns ni aux autres.

Ni même au bon Dieu. N'a-t-il pas pris soin de rassembler dans le paradis tout ce qui peut achever et mettre au comble la perfection du bonheur des saints ? S'il leur a donné un chien, c'est apparemment pour qu'ils s'en amusent.

Allez, en matière de dogme, rien ne m'ôtera de l'idée que tout ce qui s'accorde avec la bonté de Dieu est orthodoxe.

Tout ceci vous fera comprendre quel désir j'avais d'assister à la fête de saint Roch telle qu'on la célèbre dans le midi. Dans ces contrées où le saint a pris naissance, où on l'a fait mourir, son culte n'est pas seulement d'expiation mais de reconnaissance : car, en souvenir des pestiférés qu'il assista dans le cours de sa vie terrestre, il protège les peuples contre l'atteinte des épidémies, et pour l'amour de son chien qui l'avait sauvé de la peste il est devenu le patron des animaux domestiques et il détourne d'eux la maladie et la contagion.

Tant qu'il a vécu on lui a rendu le mal pour le bien : on a eu beau le tuer, on n'a pas pu l'empêcher de rendre aux hommes, même du sein de la mort, le bien pour le mal : c'est d'ailleurs le lot des justes et leur gloire.

Tels étaient les sentiments divers qui remplissaient mon cœur au moment où, le 16 août dernier, un peu avant le lever du soleil, je gravissais le chemin qui, du petit vallon où notre maison est blottie, monte au village et à l'église.

Il y avait aussi en moi, vous le dirai-je ? une autre pensée, celle-là personnelle, et qui, dans toutes les occasions où l'artiste va comparaître devant la nature, est son tourment et son ivresse. Saurais-je bien voir et bien peindre ce que j'allais observer ? Aurais-je assez de tact et de mesure pour ne pas me laisser emporter aux enthousiasmes de l'imagination, ainsi qu'il nous arrive quand, la plume ou le pinceau tremblant dans nos doigts, nous frémissons de crainte et d'espérance à la pensée de notre œuvre ?

Mais la fraîcheur de l'air, la lumière ambrée de l'aurore, ce silence animé déjà de quelques réveils, la majesté paisible de cette plaine, la grâce penchante de ces coteaux et de ces chemins creux, me ramenaient peu à peu à la soumission et au respect, qui sont, pour l'âme humaine en présence des grandes choses, le dernier mot de la science et de la dignité.

Debout au milieu du tertre de gazon qui sert de place publique, j'avais à quelques pas de moi l'église, et je pouvais apercevoir l'entrée de tous les chemins qui montent ou descendent vers le centre du village. Sous le porche de l'église une vieille femme, vêtue d'indienne noire et coiffée d'un bonnet de forme antique, assise sur un escabeau, tirait péniblement la cloche pour annoncer l'office.

Rien ne paraissait encore, il n'y avait personne à ma vue, et cependant ces lieux, dont je croyais connaître si bien les moindres grâces, prenaient déjà je ne sais quel air de prestige, comme ces théâtres où le rideau, qui va se lever, cache encore le drame.

Après quelques moments de cette attente je vis pointer au détour de l'église les cornes de deux grands bœufs attachés sous le même joug, et leur bouvier, les faisant tourner et reculer sous son aiguillon, les rangea dans un retrait du chemin. Des mugissements et des cris divers, mêlés aux commandements des maîtres, annoncèrent bientôt l'approche d'autres animaux. A mesure qu'ils arrivaient leurs conducteurs les faisaient s'aligner et se plaçaient à côté d'eux, l'aiguillon, la gaule ou le fouet à la main. Peu à peu les groupes formèrent, le long de cette voie rustique, une scène tellement simple que, oserai-je l'avouer ? j'en demeurai d'abord tout interdit, me demandant si quelques oraisons murmurées par un prêtre allaient suffire pour relever la vulgarité de ce rassemblement de bestiaux et de paysans.

Mais bientôt je vis un mouvement général se produire. Tout le monde se découvrit. Le prêtre, accompagné d'un enfant de chœur qui portait l'eau bénite, parut sur la porte de l'église et, descendant les marches, se dirigea vers la rangée d'animaux qui occupait la droite du chemin.

Il marchait lentement, récitant à haute voix ses oraisons et aspergeant d'eau bénite chacun des groupes qu'il parcourait. Les bouviers, un genou en terre et l'aiguillon droit, se signaient ; les conducteurs des bêtes de somme, tenant les cordes des licous, laissaient pendre leurs bras écartés et, une jambe légèrement fléchie en avant, courbaient la tête ; les gardeurs des oiseaux de basse-cour, tout en s'inclinant sur le passage du prêtre, jetaient leur gaule de tous côtés pour rassembler leur petit troupeau sous une bénédiction unique et commune.

Je remarquai particulièrement un homme très vieux, portant une espèce de houppelande toute fripée de plis, passée de couleur, et un chapeau d'une forme oubliée dans le pays, et qui, les mains tremblantes, de ce pas incertain et craintif propre aux vieillards, houspillait sans relâche son troupeau d'oies comme s'il eût voulu marquer que, faute de pouvoir obtenir de ces bêtes indociles le recueillement qu'il aurait fallu, il mettait du moins tout son zèle à les empêcher de troubler la cérémonie.

Le prêtre, étant arrivé à la fin de la rangée de droite, se retourna et redescendit vers l'église en envoyant à chaque pas une nouvelle bénédiction. Et lorsque, m'ayant dépassé, il vint à se détacher, pareil à une ombre blanche, sur l'horizon où rayonnait le soleil levant, je vis jaillir et retomber comme une pluie de pierres précieuses les gouttes d'eau bénite dont il aspergeait les animaux.

Ce fut tout. Le prêtre rentra dans l'église, les gens emmenèrent leurs bêtes, et je me retrouvai seul sur la place du village.

Le ciel, encore empourpré des rougeurs de l'aurore, annonçait un de ces beaux jours d'été tout éblouissants de lumière et tout enflammés de chaleur. Au-dessus du village s'étageaient les coteaux couverts de vignobles et de champs de maïs ; plus bas la plaine étalait à perte de vue les trésors de ses champs et de ses prairies, et se prolongeait entre deux rangées de collines jusqu'au pied des montagnes perdues dans le lointain bleu de l'horizon. De toutes parts se réveillaient les bruits et les mouvements de la vie ; çà et là dans la campagne on voyait les attelages de bœufs traîner la charrue dans les terres labourées, ou tourner, comme dans un cercle d'or, sur les aires jonchées de gerbes ; l'alouette, papillotant aux rayons du soleil, s'élançait au plus haut du ciel avec des cris de joie.

Et peu à peu, quand je me reportais à la scène religieuse dont je venais d'être témoin, les masques mornes de ces bêtes, les visages muets de ces paysans, prenaient par degrés un air auguste à mesure que, passant devant eux, le prêtre les bénissait en priant. Et tout à coup, sans que ma raison pût s'en rendre compte, le reflet de la nature illumina cette image ; je sentis mon cœur devenir plus large et mon esprit plus clair ; je vis dans sa véritable pompe cette fête dont la simplicité, sans doute, m'avait d'abord empêché de comprendre toute la grandeur.

Entre ces animaux qui ne savent pas qu'on prie pour eux, et ces paysans amenés là par la crainte autant que par la foi, ce prêtre, seul avec sa prière, m'apparut alors vraiment comme le messager de Dieu. Je croyais voir, au murmure de ses paroles magiques, l'esprit lever pour un instant les sceaux qui pèsent sur la matière, et ouvrir dans ces âmes vivantes un chemin au souffle bienfaisant du créateur ; je croyais voir la mort, la douleur, la misère et toutes les puissances ennemies, se disperser et s'enfuir devant le commandement qui leur en était fait au nom du maître de la vie ; je voyais, oui, je voyais le saint, tout glorieux de lumière, glisser dans l'air en avant du prêtre et caresser en souriant chacun des animaux. Oui, je comprenais enfin, parce qu'au delà des choses réelles je voyais L'IDÉE, qui seule est vraie, car c'est de l'idée seulement que nous pouvons être sûrs, et c'est pourquoi elle mène le monde.

Qu'importe que ces bestiaux et ces volailles ne sachent pas qu'il y a un dieu et qu'à certains jours ce dieu daigne les bénir ? Qu'importe, qu'au lieu d'être venus là avec une foi sincère, leurs maîtres n'y aient été amenés que par la crainte, la superstition ou l'intérêt ? Qu'ils le sachent ou qu'ils l'ignorent, qu'ils le veuillent ou qu'ils s'en défendent, l'hommage est rendu, et le chemin de la réalité à l'idéal, du ciel à la terre, reste toujours ouvert.

Et voilà pourquoi la fête de saint Roch est si touchante, car elle est la seule où se célèbre d'une manière expresse et solennelle l'alliance de Dieu avec les plus humbles de ses créatures. Elle éternise la mémoire d'un saint que sa reconnaissance envers un pauvre chien a rendu particulièrement cher à ceux qui aiment les animaux.

Elle est aussi un peu leur fête, à ces modestes petits frères de l'homme, puisqu'on y célèbre un des mille traits du dévouement et de la tendresse dont ils nous donnent tant de marques.

On y trouve aussi une leçon, paternelle comme tout ce qui vient du bon Dieu, mais formelle : c'est que, pour faire oublier de quelle ingratitude le saint fut abreuvé par les hommes, il lui fait souhaiter sa fête par les animaux.

L'ANE DE BURIDAN

TRAGÉDIE PSYCHOLOGIQUE EN UN ACTE

Le théâtre représente un point d'interrogation. Sur le devant de la scène, à trois pas de la rampe, à droite un seau d'eau, à gauche une mesure d'avoine.

L'ANE. *(Il s'avance à pas comptés, la tête basse, les oreilles battant l'air au hasard, chacune dans une direction différente. Arrivé à trois pas de la rampe il écarte ses quatre pieds, s'y affermit, baisse la tête jusqu'à effleurer le sol de sa bouche.)* Réfléchissons. *(Il réfléchit pendant une heure.)* Je ne trouve rien. Je crois que je ferai bien de braire un peu... *(Il relève la tête, allonge le cou, dresse les oreilles.)* Hi ! hân ! hi ! hân !... hîîî... ! hân !!!

Voilà qui est bon. Je me sens l'esprit plus dégagé. Je rentre en possession de moi-même ; je me suis affirmé ma propre personnalité. Je brais, donc je suis un âne.

Voilà un résultat immense : et il y a toute une philosophie dans les paroles que je viens de prononcer.

Qu'est-ce que la liberté ? Je l'ai prise et il s'agit maintenant pour moi de savoir ce que c'est. Il serait en effet souverainement inconvenant qu'un âne philosophe comme je suis ne pût pas se rendre compte d'un état auquel il aspire depuis tant d'années.

Je suis donc libre, grâce aux quatre jambes que voilà ! Je me suis sauvé tout uniment.

On peut trouver que c'est là une manière un peu vulgaire de se délivrer d'un état aussi tragique que l'esclavage : mais c'est un moyen qui, à raison même de son extrême simplicité, ne manque pas d'une certaine grandeur.

Quelques-uns me blâmeront, sans aucun doute : c'est l'ordinaire contre quiconque réussit là où beaucoup ont échoué. Mais ma conscience ne me reproche rien.

Le philosophe Buridan mon maître abusait vraiment de son génie et de la patience proverbiale de ma race pour m'imposer un genre de travail contre lequel j'ai cent fois, mais en vain, protesté de toute la longueur de mes oreilles. Non content de m'avoir enseigné à grands coups de bâton l'art pénible de porter des fardeaux, il a entrepris de faire de moi un philosophe ; et lorsque je revenais excédé de fatigue et de chaleur, à peine commençais-je à souffler un peu sur ma maigre litière, qu'il arrivait en longue robe de savant, avec une grande fraise et un chapeau pointu, et se mettait à palabrer devant moi des heures entières sur *barbara* et *baralipton*, au point qu'après chacune de ces leçons je me sentais le crâne prêt à voler en éclats.

La philosophie est une science qui fatigue beaucoup,

surtout les ânes. De tout ce fatras je n'avais bien retenu qu'une chose : c'est que la morale consiste à faire ce qu'on veut ; que pour faire ce qu'on veut il faut être libre, et que par conséquent l'homme qui n'est pas libre, ne pouvant faire ce qu'il veut, est nécessairement immoral.

C'est pourquoi je me suis échappé, et me voilà.

Une fois hors de vue, j'ai pris le galop, et pour éviter toute espèce de difficulté, j'ai couru deux heures à ce train-là. Je viens de loin, il fait très chaud, je meurs de faim et de soif, et je désire également boire et manger, manger et boire. *(Il tourne la tête à droite et à gauche, et il aperçoit la mesure d'avoine et le seau d'eau.)*

En croirai-je mes yeux ? Dieux protecteurs, vous avez jeté un regard favorable sur votre fils ! Quoi ! à moi chétif, de l'avoine et de l'eau fraîche servie dans un seau ! Que de grâces ! Vraiment vous me traitez comme un cheval !

O liberté ! avoir également faim et également soif, et trouver, l'un à côté de l'autre, tout ce qu'un âne peut rêver de plus exquis dans le boire et dans le manger !

Comment vous exprimer, ô divinités tutélaires ! ma reconnaissance pour ce double bienfait ? *(Il réfléchit pendant une heure.)*

J'ai trouvé : par mon empressement à en profiter. Et le temps que j'ai consacré à cette méditation, en aiguisant mon appétit et en augmentant ma soif va encore ajouter à l'élan de ma reconnaissance.

Hâtons-nous donc de...

— De boire ? Ou de manger ?

— Par quoi commencerai-je ? Délibérons. *(Il délibère pendant deux heures.)*

Ho ! ho ! comme le travail de tête creuse l'estomac et sèche le gosier ! J'ai bien plus faim et bien plus soif que tout à l'heure, et je ne suis pas plus avancé. Il faut être philosophe comme je suis, pour savoir combien sont durs les cahotements de la conscience en voyage à la recherche d'un problème moral. J'ai l'intellect en compote. Cessons de réfléchir. *(Il cesse de réfléchir pendant une heure.)*

Cela va mieux. J'ai le cerveau tout rafraîchi et je vois clairement ma sottise. J'ai perdu un temps précieux à délibérer lorsqu'il fallait agir. Et ce que j'ai à faire est si facile, si agréable ! Une mesure d'avoine et un seau d'eau, un seau d'eau et une mesure d'avoine, une soif ardente, un appétit admirable, et j'hésite !

O Martin ! as-tu donc oublié ton Horace au point de retarder par ta faute l'heureux moment d'une double jouissance que les dieux t'envoient ! Hâte-toi ! la vie est courte :

> Vitæ summa brevis spem nos vetat
> Inchoare longam ;
> Jam te premet nox fabulæque Manes
> Et domus exilis Plutonia...

Mais quelles idées funestes viennent m'assaillir ! Qu'y a-t-il donc de si redoutable au fond de cette mesure d'avoine et de ce seau d'eau ? *(Il cherche pendant une heure.)*

Il y a un abîme. Plongez dans ce seau d'eau, creusez dans cette mesure d'avoine, vous n'y trouverez pas de fond. *(Il les regarde alternativement.)*

Ceci ou cela ; l'un ou l'autre ; boire ou manger. Je peux choisir : mais pour choisir il faut vouloir inégalement, et je veux également. Parce que ma faim et ma soif sont entre elles dans une relation d'égalité mathématique, je ne puis pas plus déranger cet équilibre que je ne puis détruire ou modifier les deux forces dont il est la résultante immuable. Et je reste entre deux.

Ce que je dis là, je ne l'imagine pas, je le constate : je formule purement et simplement un phénomène. *(Une éclipse de soleil a lieu. Une nuit soudaine se fait. L'âne lève la tête et regarde le ciel.)*

Eh quoi ! déjà la nuit ? c'est singulier : je croyais le soleil encore bien haut sur l'horizon. C'est probablement moi qui me serai trompé. Puisqu'il fait nuit, il faut bien dormir : dormons. *(L'éclipse dure deux heures, pendant lesquelles l'âne ne cesse de dormir. Le soleil se découvre, l'âne se réveille, il secoue ses oreilles et regarde autour de lui d'un air étonné.)*

Le jour, maintenant ? Mais il y a erreur, bien sûr. Je

viens à peine de m'endormir... Est-ce encore moi qui me trompe, ou n'est-ce pas plutôt Phébus?

Mauvais sommeil; j'ai rêvassé, j'ai eu des visions sinistres, et sans pouvoir me les rappeler au juste, je me sens tout mal à l'aise de l'angoisse qu'elles m'ont laissée.

Chassons ces impressions funestes. Hé! tout cela n'est rien. *(Il regarde le seau d'eau et la mesure d'avoine.)* Voilà de quoi mettre en fuite toutes ces visions, filles d'une abstinence philosophique par trop prolongée. *(Il avance la tête du côté de la mesure d'avoine en ouvrant les lèvres, puis s'arrête, retourne la tête vers le seau d'eau, s'arrête de même, puis finalement se remet à égale distance entre deux.)*

Je viens de prononcer un mot qui me rend à moi-même : l'abstinence. « Dans le doute abstiens-toi »: voilà, m'a dit cent fois mon maître, l'alpha et l'oméga de la conscience libre. Je doute : je dois m'abstenir. *(Il s'abstient pendant trois heures.)*

Ce doute est affreux. J'en souffre plus que je ne saurais dire. Il faut que j'en sorte à tout prix. N'y a-t-il donc pas un moyen de me délivrer d'une perplexité aussi étrange? Grands dieux! de quelle argile misérable avez-vous donc pétri le cœur des ânes, pour qu'ils en puissent venir à ce degré de folie? Quoi! c'est notre raison qui nous empêche de jouir des biens mêmes que nous désirons le plus, quand votre bonté paternelle a pris soin de les placer devant nous, presque dans nos mains !

Arrière la raison ! Qu'a-t-elle à faire ici ? Ai-je plus soif que faim ou plus faim que soif, voilà tout le mystère. Question de besoin. Un fait à constater.

Comment ? En interrogeant cet estomac qui pâtit et ce gosier qui brûle. « Connais-toi toi-même », m'a répété souvent mon maître. Allons ! un seul regard sur l'âne intérieur m'en apprendra plus que tous les raisonnements du monde. Fermons les yeux pour regarder en dedans. *(Il ferme les yeux et s'endort. Il dort pendant trois heures, puis rouvre les yeux. A ce moment le soleil se couche.)*

J'ai rêvé que j'étais placé entre un seau d'eau et une mesure d'avoine, et qu'également sollicité par la faim et par la soif je ne pouvais me déterminer à faire un choix. Puis je me sentais enlevé dans les airs, et après un long vol à travers le vide je me trouvais transporté aux champs Élysées, parmi les ombres des philosophes de l'antiquité. Mon corps avait subi la plus singulière des transformations : du milieu de mon front s'élevait une corne, ou plutôt une trompe flexible à volonté, et tout en paissant l'herbe de la prairie des morts, je pouvais boire dans un ruisseau, à l'aide de ma trompe, sans interrompre mon repas.

(Il regarde autour de lui.) Il fait encore nuit noire. C'est ce rêve étrange qui aura interrompu mon sommeil.

Dépêchons-nous de rattraper le temps perdu. *(Il s'endort de nouveau: il dort jusqu'à huit heures du matin. Il s'éveille.)*

Où suis-je ? Ah ! ici. Que se passe-t-il donc en moi ? Je me sens faible. Oui... je me rappelle maintenant... Je suis libre ; je me suis échappé. Mais pourquoi donc est-ce que je souffre ainsi ? *(Il médite pendant deux heures.)*
Parce que j'ai faim et parce que j'ai soif. Donc je n'ai qu'à manger cette avoine et à boire cette eau, et je ne souffrirai plus. *(Il réfléchit.)*

Je souffrirai. Car si je mange d'abord, pendant que je mangerai je ne boirai pas : si je bois premièrement, je retarderai le moment de manger, et ces deux besoins qui me pressent sont tellement urgents, que si je bois je meurs de faim, et si je mange je meurs de soif ! Eh bien, choisissons au hasard...

Au hasard ! mais ma vie est au bout. Le hasard, c'est peut-être la mort ! Non, non ! Il faut choisir, je choisirai.
Mais lequel ? Oh ! ma tête se perd !
Un feu dévorant me consume ; ce n'est pas du sang, c'est du feu, qui circule dans mes veines : si je ne bois pas tout à l'heure je suis perdu !
Je suis déchiré par les tortures de la faim ; mes entrailles se tordent comme des serpents hérissés de clous aigus : encore quelques minutes de ce supplice et je suis mort !

Quelle heure est-il ? *(Une horloge invisible sonne huit heures.)* Merci. Je n'avais pas vu cette horloge. N'importe... Le temps... le temps... le temps ne fait rien... c'est la liberté qui fait tout. Qu'est-ce que le temps ? La même chose que la liberté, ou à peu près. *(Il baisse un moment la tête.)*

Qu'est-ce que j'ai dit ? Ma raison vacille comme un lumignon où l'huile manque... Je délire. Mon cerveau ne fonctionne plus, faute de nourriture. Mon corps même commence à défaillir. *(Il a une syncope de deux heures. Tout à coup il se relève comme poussé par un ressort. Ses yeux sont hagards et injectés; il ouvre la bouche et tire sa langue, qui est rouge comme du sang et mince comme un morceau de drap. Il tremble de tout son corps. Tremolo dramatique à l'orchestre.)*

La nature a fait l'âne libre. Libre ! entendez-vous ? C'est-à-dire souverain, souverain de sa conscience ! L'âne est fait pour boire, l'eau pour être bue. L'âne est fait pour manger, l'avoine, pour être mangée. Mais entre la boisson et la nourriture, il y a la liberté...

Non ! il y a la mort ! Elle vient, je la sens.... *(Il a une nouvelle syncope, qui dure trois heures. Il se ranime, essaye de se relever et retombe.)*

Dieux protecteurs ! Je succombe si vous ne venez à mon aide ! Grâce ! pardon ! J'abjure la philosophie, je m'abandonne à la nature. Me voilà un peu plus près du seau d'eau que de l'avoine : c'est vous qui l'avez ainsi ordonné dans votre sagesse... Eh bien, je me décide :

j'adore vos impénétrables desseins sans les comprendre. Donnez-moi la force de me relever : que je puisse faire un pas, et je vais boire.

Vous le voulez ? je ne mangerai qu'après.

(On entend le bruit du tonnerre. Jupiter paraît sur un nuage. A côté de lui est le Destin. Le Destin semble adresser à Jupiter des objections auxquelles celui-ci refuse de se rendre.)

Jupiter. Ane ingrat et téméraire, je veux bien t'accorder la faveur suprême que tu implores. Lève-toi. Bois si tu veux. *(Ici le Destin fait à Jupiter un signe du doigt comme pour lui rappeler d'observer une condition convenue entre eux deux.)* Mais sache bien que tu es libre !

(L'âne se lève, se dirige vers le seau d'eau, allonge la tête pour y boire, mais se ravise. Il tourne la tête vers Jupiter, puis vers la mesure d'avoine.)

L'ane. Puisque je suis libre, je puis donc choisir ?

Jupiter. Sans doute.

L'ane. Je crois que je ferai mieux de commencer par manger...

(Il fait deux pas vers la mesure d'avoine, et tombe mort. La toile tombe. Plusieurs dames s'évanouissent dans la salle : on les emporte.)

MÉRA

Il faut bien que je vous parle d'elle, tendres cœurs, esprits aimables, ô chers lecteurs de mon âme, qui m'avez suivi avec tant de bonne grâce dans les sentiers capricieux où je vous entraîne! Vous seuls, élite exquise de cette fine race qui sait rire à propos et pleurer juste, avez su comprendre tout ce que le sentiment, éclairé par la gaîté, peut découvrir de trésors parmi ce peuple d'humbles créatures avec lesquelles nous partageons le bienfait de la vie ; vous seuls, amants heureux de la fantaisie et de l'idéal, pouvez savoir ce qu'une science imaginaire a de secrets pour nous faire aimer la nature, de magie pour en éclairer les beautés.

Vous qui vivez par l'amour, vous qui, non contents d'épancher votre cœur sur les objets voisins de vos affections, aimez à le répandre sur tout ce qui respire, comment n'accueilleriez-vous pas avec votre bonté accoutumée les effusions de ma tendresse et de mes regrets? L'hommage que je viens rendre à la mémoire de ma pauvre Méra n'est-il pas, à vrai dire, autant à vous qu'à cette aimable et chère créature? Simplicité, douce philosophie, gourmandise, bonté parfaite, complexion amoureuse, paresse intelligente, tendresse aveugle, entêtement, obéissance à ceux qu'on aime, elle avait les vertus et les défauts qu'on peut souhaiter dans une amie ; vous les avez aussi : l'éloge que je vais faire d'elle sera le vôtre ; la vôtre aussi, cette vie de cœur et d'esprit, de fantaisie et de liberté, tout intérieure, tout idéale, et dont je vais vous faire le simple récit.

Méra, qui de son tempérament était chienne, n'a jamais connu sa famille. En Espagne elle aurait été noble de droit, comme née de père et de mère inconnus. Et comme elle avait vu le jour en Vendée, terre héroïque, on peut dire qu'elle était noble plutôt deux fois qu'une. Ajoutez à cela qu'elle était croisée de chien courant et de chien de berger, et qu'elle réunissait par-là en sa personne les deux qualités suprêmes dont une seule suffit à faire la gloire d'une race de chiens, le nez et le jarret, et vous pouvez déjà lui rendre cette justice et cet hommage que la Providence, en la créant, l'avait faite capable de toutes les grandes actions et digne de toutes les fortunes.

En vain le sort, en la persécutant jusqu'à la cruauté, essaya de trancher le cours de la destinée qui devait lui donner mes bras ouverts pour refuge : les misères, les embûches, la force armée, le poison, rien, pas même l'autorité auguste de la loi, dont on voulut abuser pour la faire périr, ne put prévaloir contre la puissance secrète qui l'attirait vers moi.

Ainsi, comme il arrive de temps à autre à la gloire des

bons et à la confusion des méchants, son salut devait sortir des attentats et des complots mêmes qu'on avait machinés pour la perdre, puisque c'est ma pitié qui lui a sauvé la vie.

Méra, si j'en dois croire le meunier de Payré-sur-Vendée, que je rencontrai, il y a vingt-trois ans, en me promenant avec ma chienne au bord de la rivière, serait née dans le moulin de Payré, au commencement de l'année 1854, et aurait quitté la maison maternelle sous l'influence d'un accès de délire causé par « la maladie ».

Payré est à trois quarts de lieue de Fontenay-le-Comte. Il y a en dehors de la ville un grand dépôt de bois de construction qu'on embarque là sur la Vendée pour le diriger sur les chantiers des ports. C'est parmi ces poutres qu'elle alla chercher un abri ; sans doute la Providence, qui ne dédaigne pas de veiller sur les plus humbles et les plus méprisés de ses enfants, lui avait inspiré l'instinct de deviner que sous ces blindages puissants elle trouverait des casemates pour s'y réfugier à l'abri des grêles de projectiles et de coups dont elle devait être bombardée par les « drôles » toutes les fois qu'elle s'aventurerait dans les rues de Fontenay.

Elle n'en serait point sortie si la nécessité de pourvoir à sa subsistance ne l'avait forcée à aller chercher au dehors sa nourriture. Tant qu'avait duré l'hiver elle avait pu, soit en chassant dans les prés, soit en cueillant de temps à autre quelque canard plus ou moins sauvage, se soutenir tant bien que mal. Mais les canards avaient fini par se méfier : du plus loin qu'ils l'apercevaient ils prenaient leur vol vers la rive opposée ; et comme, d'un autre côté, la chasse vint à fermer en exécution de l'arrêté de monsieur le préfet, force fut à Méra de tourner ses espérances d'un autre côté.

Elle avait sans doute entendu parler de la charité des bons habitants de Fontenay, qui, à 7,660 qu'ils sont, nourrissent bon an mal an quinze cents pauvres, et elle entra humblement dans les rues de la ville, demandant de porte en porte la charité.

Il faut rendre cette justice au peuple de Fontenay, qu'il a bon cœur. Les ménagères, avec lesquelles Méra était particulièrement en relations, ne lui refusaient jamais un morceau de pain, et plus d'une, en parant son entrecôte ou son gigot, oubliait à son intention de râcler les os de trop près. Quelques croûtes de pain se trouvaient tomber, par-ci par-là, dans un reste de potage ; souvent, en parlant de la chienne errante, les enfants ou les domestiques, les maîtres eux-mêmes, laissaient emporter leur assiette sans avoir fini, et la desserte s'en engraissait d'autant.

C'est qu'on commençait à la connaître et à s'intéresser à sa misère. Dans ces villes grandes comme la main, on se rencontre, comme bien vous pensez, vingt fois le jour, et Méra, qui ne vivait que de hasard, était obligée d'être toujours sur pied et de faire des courses continuelles dans tous les quartiers pour explorer les tas d'ordures et quêter aux portes.

On la voyait passer, maigre, efflanquée, le nez à terre, la croupe basse et la queue serrée entre les jambes ; elle rasait les murs, elle s'y collait, elle aurait voulu y entrer, tant elle avait peur de tout et de tous. Hélas! à côté des bonnes âmes qui l'avaient prise en pitié, il y avait les mauvais cœurs qui s'acharnaient contre elle uniquement parce qu'elle était misérable et affamée. Les petits polissons de la ville, qui sont toujours en quête de quelque méchanceté à faire, et qui savaient qu'elle n'avait pas un maître pour la défendre, se réunissaient en troupe pour lui donner la chasse et la poursuivaient lui lançant des pierres, lui donnant des coups de bâton quand ils pouvaient l'atteindre.

Les gens qui n'aiment pas les chiens, ceux qui ont horreur des êtres souffrants, étaient choqués de rencontrer sur leur passage cette créature délabrée, poudreuse, ensanglantée même parfois des coups qu'elle avait reçus ; les gens qui aiment les chiens et qui en ont, trouvant avec raison qu'un chien errant est toujours, pour ses congénères aussi bien que pour le reste de la population, suspect et dangereux, s'inquiétaient et disaient qu'elle pouvait devenir enragée.

La pauvre Méra devenait donc de jour en jour une occasion de troubles, un sujet de plaintes et de réclamations continuelles : la police fut avertie, mise en demeure de constater les faits et d'agir. L'autorité municipale ordonna une enquête, on fit dresser procès-verbal par les sergents de ville, et sur leur rapport ordre fut donné par le commissaire de police de prendre toutes les mesures nécessaires pour faire disparaître la coupable.

C'était la mort ! La tête de l'infortunée fut mise à prix. Moyennant un ignoble salaire, un de ces hommes comme on en trouve toujours lorsqu'il s'agit de faire une mauvaise action, se chargea d'étrangler la bête à l'aide d'un lacet de fil de laiton fixé au bout d'un long manche à balai ; l'empoisonneur patenté de la police se mit à l'œuvre de son côté, et confectionna des boulettes d'une chair à saucisse appétissante où il mêla secrètement une forte dose de noix vomique ; les sergents de ville firent affiler leurs sabres, et cette guerre de toute une société, de toute une civilisation, contre une pauvre bête à moitié morte de faim et de peur, commença furieuse, inexorable, et pendant plus d'un mois ne s'arrêta ni jour ni nuit.

Mais les grandes qualités de cette chienne incomparable, le flair et la vitesse, ne l'abandonnèrent pas dans cette lutte désespérée. Elle sut si bien redoubler de prudence et ménager ses forces qu'aucun de ses ennemis ne put l'atteindre. Vingt fois l'homme au lacet essaya de l'étrangler, vingt fois elle se déroba ; elle passait comme un éclair devant les sergents de ville, et leurs coups de sabre ou de bâton frappaient dans le vide comme des coups d'épée dans l'eau. Elle flairait avec ironie les boulettes empoisonnées qu'on répandait sur son passage, et se détournant elle les arrosait de son mépris. Ses sens étaient devenus si vigilants et si subtils qu'elle en était arrivée à deviner à une énorme distance l'approche des petits polissons qui la poursuivaient et à se tenir presque constamment hors de la portée de leurs cailloux.

La police était sur les dents, la municipalité en grinçait, et de nouvelles mesures allaient être ordonnées, plus décisives et non moins cruelles, lorsqu'un dimanche de mai, un jour que je n'oublierai de ma vie, ouvrant la porte pour sortir je me trouvai face à face avec la pauvre proscrite.

Elle ne m'était pas tout à fait inconnue. Je l'avais aperçue plusieurs fois, mais de loin, fuyant selon son habitude. J'avais à ce moment pour cuisinière une vieille négresse, bonne et compatissante comme toutes les femmes de cette race, et qui depuis bien des jours lui faisait la charité. Elle m'avait parlé « du chien », car à ce moment encore on ignorait le sexe de Méra, tant celle-ci serrait étroitement sa misérable queue entre ses pattes maigres contre son ventre vide.

J'hésitais à la reconnaître sous son pauvre poil bourru, crotté, déteint. Un peu au-dessus de l'œil gauche elle avait reçu un affreux coup, et toute sa joue était couverte de sang desséché.

Je m'arrêtai. Elle demeura inquiète, hésitante, regardant derrière elle si rien ne menaçait sa retraite : mais elle connaissait la maison et elle restait, m'interrogeant de cet air fauve et défiant dont le malheureux examine un visage inconnu. A petits pas, sans la quitter des yeux, je reculai jusqu'au fond du corridor, j'appelai à voix basse un domestique, je me fis donner un morceau de pain, et le lui tendant je recommençai à m'avancer vers elle jusque sur le seuil de la porte. Là je descendis le perron avec toutes sortes de précautions pour ne pas l'effaroucher, et arrivé sur le trottoir, je lui jetai une bouchée de pain.

Elle la prit. Je lui en montrai encore : elle mit une patte sur le bord du trottoir. Je reculai pour l'attirer, elle recula.

Cela dura bien un gros quart d'heure. Peu à peu, morceau à morceau, je lui fis faire un pas vers moi, puis un autre, puis un autre. Elle avait peur, elle se défiait, mais on eût dit qu'une puissance secrète la poussait malgré elle. Je parvins ainsi à lui faire franchir le seuil, et lorsqu'elle fut assez engagée dans le corridor, je passai tout à coup derrière elle et fermai la porte.

Elle était sauvée !

Elle se crut perdue.

Elle se rasait à terre, se blottissait dans les coins, rampait à mes pieds d'un air suppliant, comme pour me demander grâce et pitié. Comment lui serait-il venu à l'idée de croire que, parmi ces hommes qui depuis tant de jours étaient acharnés contre elle, il pouvait se trouver un sauveur ?

Voilà comment elle est entrée dans ma maison. Depuis ce moment jusqu'à sa dernière heure, elle ne m'a pas quitté. Elle a été la compagne de ma solitude, le témoin de mes chagrins et de mes joies : son image reste mêlée à tous les souvenirs de ma vie, à la mémoire des êtres que j'ai aimés et qui ne sont plus.

Elle n'a jamais oublié ce qu'elle me devait : le dernier regard qu'elle me jeta en mourant brillait encore du même éclair de reconnaissance qu'au premier jour. Son attachement pour moi dépassait tout ce qu'on peut croire.

Pendant quinze ans cette vie simple et innocente s'est écoulée à mes pieds. Mes absences et mes retours en étaient pour elle les seuls événements ; quand je partais elle restait plusieurs jours sans manger ; quand je revenais, c'était des cris et des bonds de joie.

L'existence vagabonde de ses premiers jours l'avait presque ramenée à l'état de nature, et avant de reprendre les habitudes des chiens domestiques elle me donna lieu d'observer les instincts natifs de sa race. Elle rongeait les bois et les cloisons, elle fouillait la terre de ses pattes de derrière ; elle entassait dans sa niche tout ce qu'elle y pouvait traîner, jusqu'à de grosses bûches ; elle avait des aboiements particuliers très différents de ceux des autres chiens. Elle professait pour les chats une horreur dont je ne pus jamais la corriger, courant sur eux à toute rencontre et leur faisant faire des bonds prodigieux dont j'avais la faiblesse de rire beaucoup, de quoi elle s'apercevait certainement, car elle recommençait toujours malgré toutes mes objurgations.

Je ne l'ai jamais battue, mais je la grondais quand c'était nécessaire. Elle recevait mes réprimandes avec respect et humilité, mais elle, de son côté, ne m'épargnait pas les reproches quand elle croyait avoir un sujet de plainte contre moi. Dans les cas véniels elle allait se cacher sous une table et boudait : dans les cas graves, elle venait s'accroupir contre ma chaise et me tournait le dos avec affectation, encapuchonnant sa tête et refusant de me regarder malgré tout ce que je pouvais lui dire.

Sa prétention continuelle était de m'accompagner toutes les fois qu'elle me voyait sortir. Mais vous êtes assez juste pour comprendre qu'on ne peut pourtant pas mener son chien partout où l'on va? Alors elle avait imaginé un tour qui peut à lui seul vous donner une idée de son intelligence et de sa finesse : au lieu de tourner et de sauter pour me marquer son désir, elle ne faisait semblant de rien et se glissait en silence derrière moi, le nez sur mes talons. Elle avait calculé que quand je retournais la tête pour voir si elle ne me suivait pas, mon regard ne portait qu'à une certaine distance en arrière et que je ne pouvais, à moins de me retourner tout à fait, voir ce qui se passait derrière mes talons : elle suivait ainsi jusqu'à ce que nous fussions assez loin, et alors elle se montrait.

Un jour, dans une promenade avec un ami, m'étant aperçu qu'elle nous avait suivis, je lui ordonnai de s'en retourner à la maison. Elle fait deux pas, se retourne, s'arrête, et me demande d'un mouvement de tête si j'aurai bien le cœur de la renvoyer ainsi? Je réitère l'ordre, mais sans pouvoir m'empêcher de rire. Elle fait encore quelques pas, se retourne encore, une patte levée, comme pour faire un nouvel appel à ma justice. Une troisième fois je lui crie de s'en retourner. Cette fois elle se le tint pour dit : et comme, après le plaisir de se promener, il n'y en a pas de plus grand pour un chien que d'être tranquille à la maison et d'y dormir en rond en attendant l'heure du dîner, Méra, certaine qu'elle ne ferait que perdre son temps à insister davantage, partit comme une flèche pour aller se coucher le plus tôt possible.

Elle n'aurait pas mieux demandé que d'être bonne mère, mais par suite de circonstances sur lesquelles il est mieux de jeter un voile, sur soixante-quinze petits qu'elle mit au monde dans ses nombreuses portées, elle n'en éleva qu'un seul, qui est devenu chien de garde, et très bon sujet, chez un charbonnier de la forêt de Vouvant. La première fois que ses petits disparurent, elle s'ensanglanta les pattes à fouiller dans une ouverture du plancher, où elle s'imaginait qu'ils avaient pu tomber : les fois suivantes elle s'accoutuma à croire que c'était dans l'ordre, et elle reporta toute son affection maternelle sur les enfants, leur servant, avec une complaisance touchante, de joujou, de dada, de dodo, et même de nounou, car un jour nous trouvâmes mon fils, qui avait alors six mois, couché en travers sur son ventre et la tétant de tout son cœur.

Quoiqu'elle ne fût pas très vigoureuse par suite de la

misère qu'elle avait eue dans son premier âge, elle était d'une vitesse merveilleuse à la course, et dans nos promenades elle aimait à faire montre de cette qualité qui au temps de ses malheurs lui avait plusieurs fois sauvé la vie.

Méra était, comme je l'ai dit plus haut, croisée de chien de berger et de chien courant, mais tenant davantage du chien de berger. Elle avait le poil long et touffu, d'un roux très chaud et très franc qui, avec sa tournure un peu fauve, lui donnait l'air d'un renard. Sa tête était fine et intelligente, mais surtout ses yeux étaient beaux et touchants. La couleur en était dorée, avec des lueurs de phosphore qui leur donnaient une mélancolie fantastique. Elle avait une très belle voix, claire, souple et tendre, qui vous allait au cœur et que je reconnaissais entre mille.

Elle était un peu déhanchée de sa tournure, probablement par suite de ses malheurs, mais cela lui donnait de la grâce et la rendait intéressante à regarder. Sa queue avait peut-être quelque chose et pendait légèrement de côté, mais comme elle était très longue et très touffue, moi seul je m'en apercevais.

Quant aux qualités morales et intellectuelles, c'était, je puis le dire, une chienne de la plus haute distinction. Bonté, gaîté, douceur, obéissance, propreté, dévouement, elle avait tout ; quant à son intelligence, il me suffira de dire que je lui faisais faire tout ce que je voulais, rien que par la parole et sans même la regarder.

Quiconque a eu des chiens comprendra la vérité de ce que je vais dire : à de certains moments elle me faisait peur !

Un jour, au retour d'une promenade dans la campagne, où elle avait eu peine à suivre les enfants, on me la rapporta bien malade. C'était la fin. Malgré tous les soins dont nous l'entourions, elle dépérissait à vue d'œil.

Le 18 juillet 1867, vers les dix heures du matin, étant dans le salon, je la vis se traîner sous une table et s'y coucher en rond. Elle s'endormit et je la laissai. Quelques moments après, je revins pour voir comment elle allait, je me baissai pour la caresser. Je voulus soulever sa tête, qui retomba lourdement.

Alors je me mis à pleurer...

On l'a enterrée dans la prairie. Je pouvais voir de mes fenêtres la place où elle reposait. Depuis j'ai quitté le pays, j'en suis bien loin et il y a toute apparence que je n'y retournerai plus jamais.

Mais je pense toujours à elle. Son pauvre collier est là devant mes yeux, suspendu, parmi d'autres chers souvenirs, au mur de mon cabinet. A chaque instant mes regards le rencontrent, et quand je songe à tout ce qu'il y a de doux sentiments attachés à cette humble dépouille d'un pauvre être qui n'a respiré que pour m'aimer et pour être aimé de moi, je remercie Dieu de m'avoir donné un cœur tendre aux bêtes.

MON PAUVRE CHIEN

Mon pauvre chien, que j'aimais tant,
Est mort ; et moi, comme un enfant
Je sanglote depuis une heure.
Je sais bien qu'on dit que c'est mal
De pleurer un vil animal,
Mais c'est plus fort que moi, je pleure....

Il partageait tous mes plaisirs,
Il n'avait pas d'autres désirs
Que de me voir et de me plaire ;
Le monde, pour lui, n'était rien,
Pour lui, j'étais l'unique bien :
Il n'aimait que moi sur la terre.

Quand je l'eus, j'étais tout enfant ;
C'était le seul témoin vivant
De ces temps de paix et de grâce :
Quand je disais les noms chéris
De ceux que la mort m'a ravis,
Il flairait pour chercher leur trace.

Plus d'une fois j'ai vu soudain
Briller, dans son œil presque humain,

Une mystérieuse flamme ;
Lorsqu'il me voyait soucieux,
Son regard profond, anxieux,
Semblait lire au fond de mon âme !

Il avait l'instinct du malheur :
Il faillit mourir de douleur
Le soir où je perdis mon père ;
Ce souvenir toujours me suit !
Ses longs hurlements, dans la nuit,
Répondaient aux cris de ma mère.

Ma mère, à son tour, me quitta,
Et mon pauvre chien me resta
Seul, dans mon affreuse détresse ;
Il a bien souvent adouci
Mon inconsolable souci
Par une touchante caresse.

Il a veillé sur mon sommeil,
Il me fêtait à mon réveil,
Ce compagnon inséparable ;
Et je n'ai jamais rien mangé
Qu'il n'ait avec moi partagé
Un morceau du pain de ma table.

Aux amis il faisait accueil,
Mais comme il savait, d'un coup d'œil,
Sous le faux ami voir le traître !
Que de fois son instinct touchant

Avait deviné le méchant
Que plus tard j'ai dû reconnaître !

Hélas ! je l'ai vu décliner
Et de plus en plus s'incliner
Vers le dernier terme de l'âge ;
Il me jetait ce long regard
De l'ami désolé qui part
Pour un triste et lointain voyage !

Quand il sentit venir la mort,
Vers moi, par un dernier effort,
Il tourna sa tête allanguie ;
Et, les yeux fixés sur mes yeux
Comme en de suprêmes adieux,
A mes pieds il tomba sans vie !

Et maintenant tout est fini :
Il roule dans cet infini
Que couvre un si profond mystère...
Il s'est perdu dans le grand Tout...
Mon cœur le reverra partout,
Mais je n'ai plus d'ami sur terre !

LA BÊTE NOIRE

> *Homo homini lupus* : aimez-vous
> les uns les autres.

C'est la plus noire, la plus vilaine, la plus mauvaise, de toutes les bêtes. Elle est féconde comme un cochon d'Inde et, chose affreuse à dire, on ne peut ni l'éviter, ni l'attraper, ni la tuer, par cette épouvantable raison qu'elle n'existe pas !

Qu'elle n'existe pas... je ne veux pas dire par-là qu'il n'y ait pas de bête noire, puisqu'au contraire il y en a, et des centaines, et des milliers : mais je suis obligé de dire « n'existe pas », faute d'une expression dans la langue pour définir la manière d'être de cet organisme véritablement paradoxal dont les conditions d'existence n'ont aucun rapport avec celles des autres créatures.

En effet...

Comment vous expliquer cela ?

... La bête noire... C'est une bête qui n'a ni pieds ni pattes, qui n'a point de forme déterminée...

Attendez !... qui n'appartient à aucune espèce, zoologique ou autre. Bon !

Ce peut être tout aussi bien un végétal qu'un animal, un insecte, qu'un ruminant ou qu'un rongeur. Vous trouverez des bêtes noires partout : il n'y en a pas seulement sur la terre, il y en a dans la mer, dans le ciel et jusque dans les enfers !

Vous ne pourrez pas faire un pas dans la rue sans en rencontrer une ; vous n'entrerez pas dans un salon, dans un bureau, dans une caserne, dans un palais, sans avoir affaire à une bête noire.

Vous rentrez, la bête noire est au bas de votre escalier; prête à se jeter sur vous.

Enfin vous voilà dans vos pantoufles, au coin de votre feu ; vous vous croyez tranquille : point : une lettre vous attend sur votre bureau, vous l'ouvrez, vous courez à la signature : la bête noire !

On sonne : c'est la bête noire !

Enfant, on vous a envoyé à l'école et de là au collège. Vous rappelez-vous l'horreur qu'elle vous inspira ?

Quand vous fûtes devenu un jeune homme, quand le feu des premiers désirs, de ces désirs fous qui voudraient bouleverser le monde pour se satisfaire, commença de vous enflammer pour les beaux yeux de la femme du gros-major, de ce gros-major terrible qui prisait, suait, crachait et reluisait, d'un air si truculent, que de vœux homicides n'avez-vous pas formés contre certaine bête noire !

Vous avez fait choix d'une carrière : à peine y étiez-vous entré que la bête a commencé de grogner contre vous ; vous l'avez fuie, vous avez changé de résidence : une autre vous attendait là-bas, impatiente de vous mordre les mollets.

Dégoûté par la méchanceté des hommes, vous avez espéré trouver dans l'affection d'une femme adorée un refuge contre la bête. Au commencement tout allait bien, vous la croyiez enfin dépistée. Hélas ! peu à peu vous vous aperceviez avec inquiétude que les ailes de votre ange tombaient plume à plume, et un jour vint où, désenchanté, ingrat peut-être, vous crûtes reconnaître que tout était changé dans celle que vous aviez tant aimée ; qu'elle était devenue monotone, fade, ennuyeuse, exigeante ; qu'elle pleurait à tout propos ; qu'elle n'était jamais satisfaite.

Qu'elle ne vous aimait plus...

Qu'elle n'était plus jolie !

La vie, cette même vie qui vous avait semblé naguère insupportable sans votre amie, vous parut intolérable avec elle ; la couronne de roses que la pauvre enfant avait posée en souriant sur votre front vous devint plus pesante qu'un joug ; les guirlandes de fleurs dont elle essayait de vous retenir vous blessaient comme des chaînes et, arrachant d'une main furieuse guirlandes et couronne, vous avez fui, vous l'avez abandonnée, en lui laissant pour remerciement et pour adieu des reproches amers.

Savez-vous ce qui était arrivé ? La bête noire était passée en vous et, pour la pauvre délaissée, vous étiez devenu, de par votre ingratitude, ce que vous l'accusiez d'être devenue elle-même pour vous.

A partir de ce moment, plus que quadragénaire, les rhumatismes et la calvitie aidant, vous songeâtes à entrer définitivement en compte-courant avec un amour qui fût toujours disposé à faire honneur à votre signature. Vous avez cru qu'en choisissant une fille jeune, jolie, pieuse, élevée modestement, vous vous mettiez enfin pour toujours à l'abri des griffes de la bête noire... et vous vous êtes jeté dans la gueule du loup, n'ayant pas pris garde que votre fiancée n'était nullement orpheline, et que si vous deveniez époux au nom de l'amour, vous étiez gendre au nom de la loi !

Et maintenant vous voilà vieux. Vos amis se sont recroquevillés comme vous dans leur égoïsme ; vous n'avez pas d'enfants ; vous êtes goutteux et vous allez être asthmatique ; vos meubles se détraquent, vos plafonds se fendent, vos murs se lézardent, votre vin s'aigrit et votre humeur d'autant. Vos fermiers vous pillent, les hommes d'affaires vous volent ; vous avez des procès. Des collatéraux affamés tournent autour de vous, flairant votre mort, qu'ils sentent venir. De temps en temps, pour vous égayer, des voix enrouées passent sous vos fenêtres en chantant *La Marseillaise* ; sur le flanc d'un gros nuage noir, un cri de colère et d'envie passe dans l'air, arrivant d'une contrée lointaine comme une menace pour votre pays ; des souvenirs tout chauds de sang gonflent votre cœur qui palpite encore des malheurs de la France : tout est sombre, tout est laid, tout va mal ; le soleil de vos derniers jours se couche au milieu des averses, du grésil, des rafales, et on peut dire que, même pour ceux qui vont mourir, il fait vraiment en ce monde un temps à ne pas mettre un chien dehors...

Eh bien, comprenez-vous maintenant ce que c'est que la bête noire ? Quant à moi zoologiste moral, je n'ai pas besoin de pousser plus loin mes observations. Mon travail est fait et je suis en mesure de vous décrire d'un bout à l'autre l'anatomie, la physiologie, le caractère et les mœurs, de la bête noire.

La bête noire est de toutes les formes, de toutes les tailles et de toutes les couleurs. Elle n'existe pas par elle-même : elle est une combinaison de deux êtres créés pour se nuire, se déplaire, se rendre la vie dure, l'un à l'autre. Elle habite partout, s'introduit partout et ne peut être chassée de nulle part. Elle n'a pas d'âge limité : mais quelque vieille que devienne sa victime, elle lui survit toujours, suit son convoi pour s'assurer qu'elle est bien morte, et ne songe elle-même à faire une fin que quand la cérémonie est terminée. Sa force est non moins irrésistible que sa patience est infatigable. Elle mord, griffe, grogne, ronge et infecte. A la fois rabat-joie, trouble-fête et oiseau de mauvais augure, la bête noire attriste notre gaîté, souille nos plaisirs et change en découragements toutes nos espérances. Elle glace le rire, effarouche les amours, détruit les nids des colombes et casse leurs œufs, trouble le sommeil, fomente les indigestions, exaspère le système nerveux, met des bâtons dans toutes les roues et en jette dans toutes les jambes. Elle est tout ce qui peut nuire : le taon pour le cheval, l'oïdium pour le vigneron, le dauphin pour la baleine, le créancier pour le débiteur, la démocratie pour l'intelligence.

Et alors, en dépit des transformations diaboliques de ce Protée de la zoologie morale, je puis déterminer avec assurance ses caractères spécifiques.

Les voici :

Elle a : la cervelle d'un sot, les cornes d'un diable, les dents d'un collatéral, la barbe d'un démocrate, la langue d'un avocat, le sourire d'une maîtresse insupportable, les griffes d'un huissier, le carnet d'un adjudant, la robe de chambre d'un gros-major, le cordon d'un portier, les bottes d'un pion, le bonnet grec d'un chef de bureau, et le regard d'une belle-mère en fureur ! Elle est glacée comme le froid, ennuyeuse comme la pluie, agaçante comme le vent et morose comme la vieillesse.

Faites un paquet de tout cela, jetez-le par la fenêtre et embrassons-nous : le jour où nous l'aurons fait, il n'y aura plus de bête noire.

L'IBIS SACRÉ

Pour les naturalistes, l'ibis est tout simplement un échassier longirostre ; il est aquatique, juché sur ses jambes comme sur des échasses. Il vole bien, perche peu ; son pouce est très court. Ses longues pattes lui permettent de s'avancer dans l'eau sans se mouiller, et d'y pêcher commodément grâce à la longueur de son bec et de son cou.

Voilà son signalement et ses titres comme échassier. Comme longirostre, il se distingue par la petitesse de sa taille et par la faiblesse de son bec, qui ne peut guère lui servir qu'à fouiller dans la vase pour y chercher des vers et de petits insectes.

Sauf quelques différences de plumage, tous les ibis sont taillés uniformément sur le même patron ; ils sont plus ou moins petits, il y en a de blancs, de noirs, de gris, de roses, mais ces différences ne constituent que de simples variétés sans aucune importance. Leurs mœurs et leurs habitudes à tous sont d'ailleurs absolument pareilles.

Quant à l'ibis sacré, c'est un oiseau gros comme une poule, ayant le plumage blanc avec le bout des ailes et le croupion noirs, les pattes et le bec de la même couleur, enfin la tête et le cou nus et également noirs.

En résumé l'ibis sacré est un oiseau petit, faible, laid ; vivant de petites cochonneries qu'il lui faut ramasser dans la boue avec son bec, ce qui est fort dégoûtant et peu fait, vous en conviendrez, pour élever son niveau moral ; sot et maladroit comme tous les échassiers ses confrères ; insignifiant au possible, puisqu'il se confond dans la famille des courlis, des barges, des maubèches, des alouettes de mer, des combattants, et enfin des bécasses, animaux qui ne sont pas précisément le type de l'esprit : et pourtant un des peuples les plus nombreux et les plus intelligents du monde ancien s'est avisé d'aller le prendre au milieu de tous ses imbéciles de cousins, lui et pas un autre, pour en faire un dieu !

Et cette bête, sans qu'on puisse s'expliquer pourquoi, a été adorée pendant trente mille ans peut-être par des gens ayant barbe au menton et plomb dans la tête. Et très certainement, lorsqu'ils devisaient entre eux du culte de l'ibis, ils y mettaient autant de conviction et d'intelligence que nous autres à parler philosophie ou esthétique.

Dans cette société où tout était mystérieux et colossal, pensez quel rôle jouait ce volatile divin :

« Les anciens Égyptiens, dit Milne Edwards dans ses *Éléments de Zoologie*, rendaient à cet oiseau un culte religieux, l'élevaient dans l'enceinte de leurs temples, le laissaient errer librement dans leurs villes, et ils en embaumaient le cadavre avec autant de soin qu'ils pouvaient en prodiguer aux dépouilles mortelles de leurs plus chers parents. Ils lui supposaient un attachement inviolable à leur pays, dont il était l'emblème, et croyaient qu'il arrêtait sur les frontières des légions de serpents qui sans lui auraient porté la destruction dans leurs champs. Ils attribuaient du pouvoir même à ses plumes, et ils assuraient que lorsque Mercure voulut parcourir la terre et enseigner aux hommes les sciences et les arts, il prit la figure de cet oiseau. Enfin ils portèrent ces idées superstitieuses au point de punir de mort le meurtre, même involontaire, d'un de ces oiseaux, qu'on voit sculptés sur presque tous leurs monuments. »

Fermez les yeux un moment, je vous prie, et réfléchissez à ce que représente d'idées, de travail, d'argent, de plaisirs et de peines, cette situation faite à l'ibis.

Il a fallu d'abord dresser toute une théologie pour justifier le culte qu'on établissait. On a convoqué des assemblées publiques, on a écrit, on a demandé de l'argent et des dons en nature, car c'est ainsi, vous savez, que tout commence. Il a fallu ensuite nommer et pourvoir des collèges de prêtres, bâtir des temples, les orner dignement, et puis les entretenir, et puis les agrandir à mesure que l'exigeait l'affluence croissante des fidèles.

Les ibis eux-mêmes devaient nécessairement être traités comme il convient à des personnages de cette importance : il leur fallait des niches pour se loger, des jardins pour prendre l'air, des pièces d'eau pour se baigner et de la bonne boue de première qualité pour barboter, farfouiller, y trouver des vers bien gras et des insectes bien croquants. De là encore tout un budget et tout un personnel, depuis les simples chambellans et gardes du corps jusqu'au grand veneur chargé d'entretenir de vers de terre et de cloportes les réserves de l'oiseau sacré.

Ce n'est pas tout : l'ibis, hélas ! tout dieu qu'il fût, était déjà mortel en ce temps-là ni plus ni moins qu'il l'est aujourd'hui. Or, dans un pays où l'on embaumait jusqu'à de simples scarabées, était-il admissible que le corps du dieu Ibis fût abandonné à la corruption ? On embaumait donc l'ibis sacré, on l'embaumait, non pas royalement mais divinement.

Des ateliers nombreux de l'administration des pompes funèbres de ce temps-là étaient occupés nuit et jour à plumer, à vider, à laver, à parfumer de myrrhe, d'aloès, de benjoin et de bitume, les dépouilles sacrées des ibis passés dans un monde meilleur. Des menuisiers faisaient des cercueils pour y mettre les ibis ; des sculpteurs sculptaient ces cercueils, des peintres les peignaient, des doreurs les doraient ; et comme il fallait des sépultures pour y mettre les cercueils, des architectes bâtissaient des tombeaux, élevaient des pyramides ou creusaient des hypogées, pour y ensevelir dignement ces défunts immortels.

Vous voyez d'ici ces milliers d'Égyptiens allant,

venant, assemblés dans des salles ou dans des chantiers immenses, attachés sans relâche à ce labeur de l'embaumement, éternel et toujours urgent comme la mort qui en est la pourvoyeuse ; vous suivez, au milieu des rues immenses de Memphis ou de Thèbes, ces interminables cortèges de prêtres, de soldats et de fidèles, menant à travers les flots du peuple en deuil la pompe funèbre d'un ibis. Et pendant ce temps, sur toute l'étendue de la terre habitée, des centaines de marchands et de navigateurs parcourent le monde pour aller en tous lieux chercher les parfums requis pour l'embaumement des morts sacrés de l'Égypte.

Ainsi donc voilà, rien qu'au point de vue économique, un oiseau insignifiant et obscur, simple variété d'une famille des plus médiocres, une bécasse ou peu s'en faut, voilà cette bécasse qui, un beau jour, sans qu'on puisse savoir pourquoi ni comment, sort tout d'un coup d'un des derniers rangs de la multitude animale et se fait donner d'emblée, par un des peuples les plus intelligents qui aient passé sur la terre, un budget et une cour comme beaucoup de princes souverains n'en ont pas.

Et quoiqu'elle l'ait ignoré et qu'elle ne s'en doute pas encore à l'heure qu'il est, ladite bécasse a exercé sur le sort de millions d'hommes un empire d'une puissance incalculable. Sans parler des péripéties de carrière dont elle a été l'occasion pour les fonctionnaires de tout ordre attachés à son culte et en tirant leur subsistance, songez à tous les états, rapports, registres, paperasses et papyrus, que les malheureux fonctionnaires du ministère des cultes de ce temps-là ont eu à griffonner à cause des ibis sacrés ! Songez à ce que les poètes ont composé de cantiques, les musiciens, d'hymnes et de symphonies, pour chanter dignement ses louanges ! Et les fêtes, et les sacrifices !

Enfin, ce qui est d'une bien autre importance, pensez qu'un grand nombre d'hommes pleins de vie et de santé comme vous et moi ont été jugés et exécutés en qualité d'assassins sacrilèges pour avoir, même par mégarde, tué un ibis !

Vous imaginez-vous cela? Vous vous promenez dans les rues de Memphis ; vous ne pensez pas à mal, vous êtes le plus honnête homme de la ville, aimé, considéré, de tous vos parents et amis : crac ! vous marchez sur un imbécile d'ibis qui barbote dans le ruisseau, vous voilà criminel. Et le peuple se soulève, on vous charge de chaînes, la garde arrive, on vous jette dans un cachot ; après des débats solennels où votre scélératesse consterne tout l'auditoire, vous êtes empalé ou rôti, aux applaudissements d'un peuple immense.

Tout cela pour un ibis.

Avouez que c'est dur, mais convenez que le volatile pour qui la société fait le sacrifice de votre précieuse personne n'est pas le premier venu, et que plus d'un de nos parlementaires, que plus d'un monarque constitutionnel de nos jours, envieraient son influence ?

Est-ce que ces réflexions, qu'on pourrait d'ailleurs

appliquer de même à tous les animaux sacrés, ne vous épouvantent pas ?

Qu'est-ce que la vérité, qu'est-ce que l'intelligence humaine, quand on pense qu'un misérable petit oiseau peut avoir eu sur le sort et sur les idées de tout un peuple plus d'influence que tel conquérant ou que tel homme de génie ?

Qu'est-ce que l'histoire, si devant les faits les plus considérables du passé, l'homme est réduit à des conjectures lorsqu'il en veut découvrir les commencements et les causes ?

Car enfin ce n'est pas l'ibis qui aurait jamais eu l'idée, n'est-ce pas, de se sacrer lui-même dieu ? Il est trop bête pour cela. Il y a bien eu un homme qui le premier s'est avisé de choisir cet oiseau pour un dessein conçu d'avance. Pourquoi a-t-il choisi justement l'ibis ? Comment a-t-il réussi à le faire accepter des populations ?

On voit quelle peine nous avons, nous autres modernes, à faire passer un pauvre petit député clérical : que serait-ce d'un dieu !

Eh bien, c'est ce commencement que je voudrais savoir, moi : si quelque savant pouvait découvrir comment l'inventeur de l'ibis sacré s'y est pris pour produire son oiseau, pour l'affirmer, pour confondre ses adversaires et pour élever enfin son volatile à la hauteur d'une institution, que dis-je ? d'une religion, nous aurions sous les yeux la plus merveilleuse curiosité historique qui se puisse concevoir.

Mais nous ne le saurons jamais : nous l'ignorerons toujours, comme nous ignorons le lieu de naissance d'Homère ou l'emplacement d'Alésia... On nous dit les batailles et les règnes, on ne nous dit ni les raisons ni les causes.

Mais à travers l'obscurité du passé brille une lueur qui, sans nous rien découvrir des événements oubliés, nous éclaire du moins assez pour nous en faire comprendre le sens mystérieux.

Au-dessus de tous les systèmes et de toutes les disputes des hommes, il y a une vérité, aussi vivante au fond de leurs erreurs qu'elle l'est au fond de leur science : c'est que l'idée mène le monde. Une idée pointe, elle se fait jour, personne n'y fait attention : elle grandit, grandit, et puis un beau jour elle éclate et embrase tout. Les moyens importent peu : on est parfois épouvanté de leur ridicule et de leur puérilité.

C'est l'histoire de l'ibis. Si son inventeur était venu dire aux Égyptiens, à brûle-pourpoint : Voilà un oiseau : adorez-le, on l'aurait lapidé comme blasphémateur : mais il leur a dit :

— L'oiseau que voici est inviolablement attaché à votre pays, dont il est l'emblème ; il arrête sur vos frontières des légions de serpents qui sans lui viendraient tout dévaster chez vous.

Oh ! alors ils ont consenti à l'adorer comme un dieu ! Pourquoi ? Parce qu'au fond, ce qu'on leur présentait ce n'était pas un oiseau mais une idée, celle de la patrie.

Aujourd'hui nous n'avons plus l'ibis, nous avons le drapeau.

Et alors, quand on s'est ainsi rendu compte des véritables causes de la grandeur passée de l'ibis, on éprouve une certaine mélancolie à voir l'oubli où il est tombé, oubli si profond qu'il a fallu le génie de Cuvier pour découvrir ce que c'était au juste que l'ibis sacré !

Déchu de son trône céleste, il aurait, si l'on en croit Plutarque, essayé de reconquérir son ancienne influence en enseignant aux hommes l'art de... (Voyez Molière.)

Il se les donnerait à lui-même avec son propre bec...

J'ignore ce qui en est, et les naturalistes sont muets sur ce point: mais il est de fait que l'ajutage terminal de certains instruments, le tube flexible qui le relie au corps de pompe, et jusqu'à la forme cylindrique du réservoir, présentent une certaine analogie avec la tête, le bec, le cou et le corps, de l'ibis, dont la forme aurait ainsi inspiré à l'inventeur une sorte d'hommage envers l'oiseau auquel il devait la première idée de l'instrument...

Mais, toute réflexion faite, brisons là-dessus. Si jamais les Égyptiens venaient à arriver au pouvoir, je ne voudrais pas qu'on pût m'accuser d'avoir voulu tourner un de leurs dieux en ridicule.

LE CHEVAL

> La plus noble conquête
> Que l'homme ait jamais faite
> Est celle de ce fier et fougueux animal.
>
> BUFFON. *Poésies*.

Newton, en découvrant la gravitation universelle, a rendu, j'en conviens, un grand service à l'humanité : mais j'ose dire qu'il en a rendu un plus grand encore pour avoir su tirer cette découverte d'une pomme.

Si je ne craignais de me rendre suspect de partialité pour moi-même, j'oserais plus encore et je me comparerais à Newton. Car franchement je suis frappé de la ressemblance qui existe entre la méthode de la zoologie morale et celle qui conduisit l'illustre géomètre anglais à sa mémorable découverte : mais je n'ose pas, malheureusement pour moi, parce que, la modestie étant officiellement classée au premier rang des marques du vrai mérite, je suis obligé, dans l'intérêt de ma réputation comme dans celui des bons et spirituels lecteurs qui ont confiance en moi, de professer la modestie afin qu'on en puisse inférer que j'ai un vrai mérite.

Quoi qu'il en soit et pour en revenir à Newton, je

répète que l'éclat de sa découverte est singulièrement rehaussé par la circonstance qui y a donné lieu, parce que, en outre de sa valeur comme progrès scientifique, elle contient le plus utile précepte et le plus fécond exemple que le génie d'un homme ait jamais donnés à l'esprit humain.

La grande leçon, en effet, qui ressort de ce trait de génie, c'est que même Newton, même ce prodigieux esprit qui, au dire de tous, s'est le plus approché de la divinité, n'aurait probablement jamais eu la force de s'élever si haut dans le ciel, si la nature n'avait reproduit sous ses yeux, pour la centième fois, un fait qu'il avait vu quatre-vingt-dix-neuf fois sans s'aviser d'en rechercher la cause.

En tirant de la chute d'une pomme l'analyse et la formule des lois mathématiques qui gouvernent le cours des astres, Newton a tracé à tous les observateurs de la nature le seul chemin qui puisse les conduire à la vérité: celui des faits. Les faits sont la nourriture de l'intelligence, et sans cette nourriture elle meurt, elle meurt en déraisonnant dans un affreux délire, comme tout être vivant qui périt par la faim.

On ne s'étonnera pas du rapprochement sur lequel je me suis étendu avec une certaine complaisance, lorsqu'on apprendra que la vue d'un cheval attelé à une charrette m'a révélé une notable partie de la biologie et de la morale universelle, jusqu'ici inconnue des ignorants et, par conséquent, des savants. S'il est vrai qu'une idée nouvelle fondée sur des observations bien faites constitue un progrès dans la locomotion de l'esprit humain, mes découvertes sur le cheval sont toute une cavalerie. Vous allez en juger.

Le cheval révélateur auquel je dois ma découverte n'avait rien qui le distinguât de ceux que j'avais pu voir jusque-là : c'était tout bonnement un vulgaire percheron attelé à une charrette, et il gravissait avec mille peines la pente très raide qui de la place de la Trinité monte dans la rue de Clichy. A mesure que la pente s'accentuait, ses efforts redoublaient mais devenaient à chaque pas plus inutiles, au point qu'à un moment il s'arrêta et, baissant la tête d'un air découragé, parut se demander s'il convenait vraiment de pousser plus loin l'expérience.

Le charretier, lui, avait son opinion faite : il donna ses conclusions sous forme d'un vigoureux coup de fouet qui alla claquer sur la croupe du cheval : celui-ci, reprenant d'un bon coup de reins, fit faire un tour de roue en avant à la charrette : mais bientôt il s'arrêta, ne pouvant pas faire davantage.

Le charretier, qui était énergique mais point brutal, jeta un coup d'œil sur le chargement, coup d'œil équitable sans doute : car mettant son fouet à son cou, il prit un moellon sur la charrette, le plaça sous une des roues pour la caler, et s'étant, en forme de transition, essuyé le front de la manche de sa blouse, se mit à caresser le cheval et le laissa souffler.

Au bout de deux ou trois minutes, le cheval étant calmé, le charretier cria hue ! et la bête, rassemblant toutes ses forces, enleva l'équipage et le monta, sans s'arrêter, jusqu'au haut de la pente.

Singuliers hasards de la raison humaine ! Par une de ces causes obscures qui viennent, sans que les philosophes aient jamais su pourquoi, donner au cours de nos idées une direction inattendue, cet incident si vulgaire me découvrit tout à coup une perspective de méditations qui me paraissait s'étendre à perte de vue à mesure que je voyais s'effacer dans le lointain, cheminant de ce pas lourd et sûr que prend toute question qui va s'enfoncer dans un problème, le cheval, la charrette et le charretier.

Après quelques instants de confusion, les idées qui venaient de surgir dans mon cerveau se débrouillèrent un peu, et à travers leur enchevêtrement je ne tardai pas à voir pointer les premiers linéaments de la question, sous forme du problème ci-après, que je me posai comme malgré moi :

— Pourquoi le cheval a-t-il recommencé à tirer la charrette ?

Et en effet, selon toutes les apparences, non-seulement il n'avait aucune raison pour recommencer, mais il avait les plus sérieuses raisons de s'abstenir. Il était fatigué, la charge était excessive, la pente, exagérée : il eût été dans son droit en refusant de tirer.

Dans un premier moment d'irréflexion je me répondis

d'abord que s'il avait obéi ç'avait été par crainte d'être frappé : mais un sérieux examen me fit voir toute la puérilité de cette solution, puisqu'il était reparti sur la simple invitation verbale de son maître. Je n'avais au surplus qu'à regarder les autres chevaux qui passaient à tout moment à côté de moi, pour reconnaître que tous, comme mon percheron, faisaient leur service sans aucune résistance, et que même les chevaux des fiacres pris à la course y mettaient un empressement non équivoque.

Je rentrai chez moi tout rêveur, et m'étant étendu sur mon divan de travail je me mis à méditer sur les données du problème qui me tourmentait.

En fait, me dis-je d'abord, il est bien certain que les choses se sont passées de tout temps et partout comme je viens de le voir dans la rue : partout, depuis que le monde est monde, un cheval suffisamment dressé a toujours obéi à son cocher ou à son cavalier. Comme les autres animaux domestiques, le cheval connaît son maître, le craint, l'aime et lui obéit ; il se laisse brider, seller, monter, harnacher, atteler ; il supporte les châtiments sans se défendre, et tout cela, qui lui est certainement désagréable même pris à dose modérée, devrait lui devenir intolérable lorsqu'on en vient, comme il arrive trop souvent, à l'excéder de travail et de coups. Que vous lui accordiez la raison ou que vous vouliez le réduire à l'instinct machinal pour tout potage, comment cette raison ou cet instinct ne le pousse-t-il pas à résister tant qu'on ne le tient pas et à se sauver aussitôt que l'occasion se présentera ? Et certes les occasions ne manquent pas.

Quel peut donc être le lien invisible qui, plus puissant que les barrières, les licous et les entraves, tient le cheval sous la domination de son maître ?

Peut-on dire que c'est l'intérêt de l'homme, et que le cheval, pénétré de l'utilité des services qu'on lui demande, sacrifie à la patrie ses goûts, son indépendance et jusqu'à sa dignité? Non très certainement, car si l'animal domestique est susceptible de certains sentiments intérieurs et permanents tels que l'affection, la haine, la crainte, le devoir, et surtout l'habitude, ces sentiments sont liés au milieu où il se trouve pour le moment, et si ce milieu est modifié en tout ou partie, ils disparaissent et sont remplacés par d'autres. Mais ils ne se rattachent pas aux suivants par cette chaîne de la généralisation, qui est le propre de l'esprit humain. L'animal n'a que des conceptions isolées toujours limitées à ce que la sensation du moment, rapprochée de la mémoire des sensations analogues, peut lui fournir d'idées. Intérêt, utilité, services, patrie, goûts, indépendance et dignité, sont pour lui comme s'ils n'existaient pas, et c'est pour cela que nous ne pouvons trouver de ce côté rien qui s'applique à ses déterminations.

Et cependant plus j'observe le rôle du cheval dans les sociétés humaines, plus ce rôle me paraît s'accorder avec les besoins de l'homme, au point qu'en voyant seulement un cheval attelé à une voiture, on ne peut pas s'empêcher de se demander très gravement si la voiture a été faite pour le cheval ou si le cheval n'a pas bien plutôt été fait pour la voiture.

Comment donc se peut-il faire que cet accord s'ajuste si exactement entre les exigences du maître et la soumission de l'esclave ? Est-ce un hasard ? Rien n'arrive par hasard. Est-ce un miracle ? La nature n'en fait point.

J'en serais encore là si, ayant bien tourné et retourné ces deux mots de maître et d'esclave qui, dans la phraséologie du sens commun, représentent l'asservissement des espèces domestiques, je n'avais entendu sous la porte cochère de ma maison le roulement d'une voiture qui rentrait à la remise.

Toutes les fois qu'il m'arrive (cela m'arrive rarement, mais enfin cela m'arrive), de m'apercevoir que je commence à patauger dans quelque problème de zoologie morale ou autre, je dépose mon génie dans un coin et je retourne à l'observation pure et simple du fait. Ici l'arrivée de la voiture m'offrait un sujet d'observation tout préparé : je me mis à la fenêtre et j'observai.

Ce qui se passa, bien que s'étant déjà reproduit plus de cent fois sous mes yeux, ne contenait rien moins que la solution complète et définitive du problème que je cherchais inutilement depuis tant d'heures. Cette solution, elle s'était offerte à mon intelligence autant de fois que j'avais vu rentrer la voiture, mais le moment n'était pas venu.

Si vous savez, ce que j'ignore, combien de pommes Newton vit tomber de l'arbre avant de s'être avisé que chacun de ces fruits contenait le secret de l'univers, vous ne vous étonnerez pas que ma pomme à moi ait été quelque peu longue à mûrir, surtout si vous voulez bien prendre la peine de remarquer que mon pommier n'est pas précisément de la même espèce que celui de Newton, les variétés de cet arbre à fruit étant très nombreuses comme chacun sait.

Donc j'observai.

A peine la voiture était-elle arrêtée dans la cour que trois palefreniers qui attendaient entourèrent l'équipage. Le cocher leur jeta son fouet et ses rênes, sauta à bas de son siège, alla quitter sa livrée et revint se joindre à eux, et alors commença, de la part de ces quatre hommes, un travail d'une longueur et d'une minutie dont je ne m'étais jamais fait une idée même lointaine.

Pour nettoyer la voiture et pour panser les deux chevaux, ces quatre hommes, pendant plus de deux heures, travaillèrent avec un soin et une activité que je ne me souvenais pas d'avoir vu déployer à mon profit par aucun des nombreux serviteurs qu'il m'a fallu tant de fois renvoyer pour ivrognerie, vol, insolence, négligence et autres défauts ou méfaits.

A mesure que l'opération se développait, une foule de détails de plus en plus énormes venaient se rattacher dans mon esprit à ceux que j'observais.

En suivant les diverses manœuvres des quatre hommes

qui procédaient à la toilette des chevaux et de la voiture, je songeai d'abord vaguement à ce que représentait d'argent l'achat de l'équipage, des chevaux, et par suite, des ustensiles et fournitures nécessaires pour l'entretien.

Parcourant des yeux la cour et les bâtiments, je remarquai que les écuries, la remise et le grenier à fourrage, n'avaient d'autre raison d'être que la nécessité de loger les chevaux et d'abriter la voiture; que sans cette nécessité on ne les aurait pas construits, et je calculai mentalement la somme que ces constructions avaient dû coûter, la valeur du terrain qu'elles occupaient, et les loyers que ce terrain aurait produits si, au lieu d'y établir des chevaux, qui coûtent, on y avait bâti une maison pour y loger des locataires, qui rapportent.

J'en étais là de mes réflexions lorsqu'une charrette chargée de paille et de foin entra dans la cour. On la déchargea, on hissa la paille et le foin dans le grenier, et on paya au conducteur une somme qui me parut assez ronde, car elle gonflait un gros sac.

C'était jour de règlement et d'approvisionnement, à ce qu'il me parut, car peu de temps après une seconde charrette apporta de l'avoine, ensuite une autre charrette vint chercher le fumier, puis arriva un agent du fisc pour recenser la voiture et les chevaux, et enfin se succédèrent un maréchal qui ferra l'une des bêtes, un vétérinaire qui les fit sortir et les examina longuement, et un sellier qui emporta un des harnais pour le réparer.

Enfin vers les six heures du soir, au moment où je

commençais à n'en pouvoir plus de fatigue rien que pour être resté debout à regarder, on ferma la porte de l'écurie, on roula la voiture dans la remise, et tout ce monde, après s'être rincé les bras dans un seau d'eau qu'ils répandirent circulairement en forme d'adieu, se rhabilla et sortit pour aller dîner pendant que les chevaux, bien rafraîchis par le pansage, se prélassaient, en mâchant leur avoine, sur une litière épaisse et moelleuse.

Alors, passant en revue les observations que je venais de faire et les embrassant d'un seul coup d'œil, je vis « la formule du cheval » m'apparaître clairement.

Je mis d'un côté de la balance ce que le cheval fait pour l'homme, et de l'autre côté ce que l'homme est obligé de faire pour le cheval, et la balance penchait tellement du côté du cheval que je demeurai confus de ne pas avoir su reconnaître plus tôt une vérité aussi évidente.

En présence de la somme énorme de travail, de dépenses, de risques, sans parler des dangers, que le cheval coûte à l'homme, toutes les idées que je m'étais formées sur les relations entre ces deux animaux faisaient la culbute et m'apparaissaient la tête en bas et les pieds en l'air.

Voyez donc :

Le cheval, qui n'a pas un sou vaillant à lui, qui est très peu intelligent, qui n'est pas en état de se défendre même contre un loup, a trouvé un autre animal assez naïf pour lui donner gratuitement du foin, de l'avoine, des couvertures, une litière, une écurie, des harnais, une voiture, et même un mors et un bridon d'acier fin ; pour veiller sur lui nuit et jour, l'accompagner et le guider à chacun de ses pas, le soutenir dans les descentes et pousser avec lui dans les montées ; qui l'éponge, l'étrille, lui fait le poil, le ferre, le soigne dans ses maladies.

En retour que fait le cheval pour l'homme ?

Il se promène. Tantôt doucement tantôt plus vite.

Je me trompe, il fait encore autre chose : il boit, il mange et il dort.

Or remarquez que, pour le cheval, marcher et courir ne sont pas seulement une habitude mais une nécessité et un besoin, puisque c'est le seul genre d'activité dont la nature l'ait rendu capable.

Et alors voyez-vous maintenant comment le sens commun, lorsqu'il prend les deux termes de « maître » et d' « esclave » pour les appliquer à la situation réciproque de l'homme et du cheval, n'a pas le sens commun ?

Dites-moi un peu : laquelle des deux bêtes vous paraît la plus bête, celle qui exploite ou celle qui se laisse exploiter ?

Celle qui se laisse exploiter, n'est-ce pas ?

Eh bien, cette bête-là, c'est nous !

C'est nous qui sommes les serviteurs très humbles de ces braves animaux ; c'est nous qui, dans cette tragi-comédie de la vie universelle, sommes les dindons de la farce, au lieu d'être, comme nous l'imaginons, les rois de la création.

J'ai pris aujourd'hui le cheval pour thème de cette réjouissante démonstration, mais vous n'avez qu'à appliquer les mêmes raisonnements aux autres bêtes asservies par l'homme, et vous verrez que pour celles-là comme pour le cheval, c'est l'homme qui est l'animal domestique : voilà le vrai.

Réfléchissez bien. Parce qu'on aura bridé, sellé, attaché ou tondu quelqu'un ; parce qu'on lui aura même abrégé de quelques jours le terme d'ailleurs inévitable de l'existence, on n'aura pas fait preuve déjà d'un si grand génie si, pour arriver à ce mince résultat, on a cent fois plus dépensé que gagné !

Tel est le cas de l'homme à l'égard des animaux domestiques. C'est au prix de son travail, sur la terre arrosée de ses sueurs et fécondée par son intelligence, que naissent et se multiplient ces innombrables générations de bêtes qui sans lui n'auraient jamais vu le jour.

Donc ce qui est vrai, c'est que ces prétendus esclaves sont en réalité des parasites vivant sur l'homme absolument et au même titre que le gui vit sur le chêne : de sa chair, de son sang et de son âme. Et l'homme qui, à son tour, a besoin de ces outils animés, n'est pas plus le maître de se passer d'eux, qu'eux, de leur côté, ne peuvent se passer de lui.

Et maintenant, pour conclure et pour vous faire toucher au doigt l'utilité pratique des spéculations de la zoologie morale, voyez combien la raison humaine est peu de chose quand elle ferme l'oreille aux vérités naturelles que lui bêlent ou lui hennissent les animaux. Elle ne pense et ne dit alors que des enfantillages : elle agit en conséquence et ne fait que des sottises.

De là partent toutes les erreurs économiques et philosophiques qui se réalisent en désastres financiers ou en désordres matériels ; de là les accidents et les catastrophes causés par l'ignorance : tels sont la gale, le phylloxera, les chutes de cheval, les accidents de chasse, etc., etc., toutes choses qui n'arriveraient pas si l'homme se rendait un compte exact de sa position dans l'univers, au lieu de se proclamer follement maître et roi de ces êtres qui sont comme lui les enfants de Dieu et dont il n'est que le frère aîné.

Mais les pauvres bêtes, elles, qui n'ont pas l'intelligence, ont l'instinct, et l'instinct seul suffit pour leur apprendre que si ce prétendu maître les nourrit et les abrite c'est qu'il a besoin d'eux.

C'en est assez pour qu'ils lui obéissent, et voilà pourquoi le cheval dont je vous ai conté l'histoire a continué de tirer sa charrette bien qu'on ne l'eût pas battu.

LE DADA

Equitare in arundine longâ.

C'est le cheval de l'âme.

Ce n'est pas lui qui se contenterait de foin et d'avoine pour nourriture, et d'une litière de paille pour couche ! Ce n'est pas lui qui se laisserait nourrir, héberger, gorger, comme ce parasite, ce mercenaire, cet égoïste de cheval, dont j'ai si victorieusement démasqué le véritable caractère et si judicieusement rétabli la position parmi les sociétés humaines ! Non, non, le coursier merveilleux qui va faire aujourd'hui devant vous la haute école de zoologie morale est un cheval en liberté, qui ne se soucie ni du mors ni de l'éperon ; on ne l'a jamais vu prétendre, comme fait hypocritement le cheval, au vil titre d'esclave, car il n'a pas de maître, il a un ami ou plutôt un frère, et avec ce frère il est né, vit et mourra, sans jamais lui demander rien et sans se lasser de travailler pour lui, de lui sourire dans la joie, de le consoler dans l'affliction : le prenant en croupe dans les chemins difficiles, le portant d'un pas leste et sûr aux sommets où fleurit l'espérance, où l'enthousiasme flamboie, où l'idéal enfin, loin des sombres misères de la réalité, rayonne dans toute sa splendeur !

Son nom est DADA : comme « papa, maman, nanan, dodo », etc., etc., il appartient à ce langage instinctif que l'enfant balbutie avant même d'en savoir le sens, et qui, pareil chez tous les peuples, est le cri des premiers besoins et le gazouillement des premières amours. Mais de tous ces mots il est le plus doux à entendre, parce qu'il exprime l'idéal.

Je suis convaincu que si j'étais philologue je n'aurais pas de peine à démontrer que « dada » vient d'« idéal », ou plutôt qu'« idéal » vient de *dada*, mot sanscrit qui signifie « aspiration de l'âme ». Cette étymologie ne serait pas plus fantastique, après tout, que celle du mot « cheval », que mon professeur me disait venir du grec *hippos*, en changeant *hip* en *che* et *pos* en *val !* Mais à quoi bon aller chercher les origines du mot quand nous tenons la bête ?

Nous la tenons... je parle de vous et de moi, car quant aux savants et aux philosophes, je n'ai pas besoin de vous dire qu'ils ne se sont jamais avisés de l'étudier ni de la décrire : je crois pouvoir même assurer qu'ils en ignorent jusqu'à l'existence, les ingrats ! eux qui ne boivent, ne mangent, n'endorment autrui et ne dorment eux-mêmes, que grâce à leur dada. Je sais bien qu'ils doivent beaucoup à leur singe et je le ferai assez voir dans une autre partie de ce livre : mais cela ne les excuse en aucune façon d'avoir exclu le dada de la science.

Car on le chercherait vainement soit dans les dictionnaires scientifiques, soit dans les jardins zoologiques, soit dans les galeries d'histoire naturelle : il y a plus, et je défie qu'on en trouve un exemplaire même dans les greniers du Muséum, où tant d'animaux inédits servent de pâture aux vers en attendant qu'ils servent d'aliment aux progrès de la zoologie officielle chez nos arrière-petits-neveux.

C'est dans la rue Chapon, chez les fabricants de joujoux en bois peint, qu'il faut aller chercher le vrai type du dada. Non pas que la race ne compte ailleurs de nombreuses, on pourrait dire d'innombrables variétés, mais parce que le cheval de bois, par l'originalité de ses formes et par l'inaltérable fixité de ses traits, doit être reconnu comme réunissant au plus haut degré les caractères spécifiques du groupe.

Parmi les hommes comme parmi les animaux, il y a toujours un individu ou une espèce en qui la nature semble avoir voulu marquer plus profondément le cachet de la race. Ils sont comme un modèle dont tous leurs congénères ne seraient que des copies, et telle est l'importance de cette grande loi naturelle, qu'on peut mesurer la valeur d'un individu ou d'une espèce à la fidélité de sa ressemblance avec son type.

Tel est le cas du cheval de bois. Quand on l'analyse à la lumière de la zoologie morale, on retrouve en lui l'ensemble des traits dont chacune des autres espèces de dada ne nous présente que tel ou tel détail isolé. Aussi l'étude du dada, pour être complète, doit-elle commencer par la monographie du cheval de bois.

Ai-je besoin de vous encourager, chers lecteurs, au travail que nous allons faire ensemble sur un animal avec lequel vous vivez chaque jour, et dont la complaisance et la docilité vous sont si chères ? Après les nombreuses marques de joie ou d'attendrissement dont vous avez honoré la zoologie morale, après les preuves d'esprit et d'intelligence que vous m'avez données en suivant assidûment mes cours, rien ne peut vous arrêter, et vraiment je vous assure que l'étude du cheval de bois ne sera pour vous qu'un jeu d'enfant.

Ce dernier mot suffira d'ailleurs à vous avertir qu'il s'agit ici d'un travail sérieux. Vous savez comme moi que tout ce qui touche à l'enfance est de la plus haute gravité, parce que là sont les sources de la vie et que là, sur les rives à peine tracées de ce ruisseau qui doit devenir un fleuve, éclosent les premières fleurs de l'âme : voilà pourquoi les joujoux, aux yeux d'un penseur, sont un des documents les plus importants pour l'étude de l'homme. Dans ces images où la main grossière de l'ouvrier n'a su que parodier le modèle, l'enfant voit en rêve des êtres réels, il les anime de sa pensée et les fait vivre de sa vie. L'époque des premiers jeux est donc une des plus décisives, une des plus solennelles, de l'existence : et il faut qu'on l'ait bien compris, puisqu'on n'a rien trouvé de mieux, pour personnifier le grain de folie dont est piquée toute cervelle humaine, que de l'appeler « un dada ».

Or le cheval de bois est le type du dada : nous l'avons

dit, et pour le démontrer nous n'avons qu'à observer et à décrire cet intéressant animal.

Il est en bois : les meilleurs se font de sapin de la Forêt-Noire, bois léger, élastique, incorruptible, et qui ne perd jamais son parfum sauvage. Le sapin est par excellence la bûche de l'idéal : tant que vous en suivez le fil, il se laisse travailler sans la moindre résistance, et le même sapin dont vous avez fait un mât de cocagne aurait sans plus de façon consenti à se réduire en un monceau d'allumettes : mais si vous avez le malheur de vouloir le prendre en travers du fil, il résiste, et si vous insistez il casse, blessant parfois de ses éclats aigus la main du maladroit qui le violente.

Le cheval de bois garde toute sa vie les qualités de l'essence forestière dont son être physique et moral a été confectionné. Il demeure infatigable, patient, dévoué, supportant tout, caprices, injures, mauvais traitements et excès de toute sorte. Il se laisse affubler des harnais les plus fantastiques, il traîne les véhicules les plus insensés, tombant sur le flanc vingt fois par jour et se relevant autant de fois, sans résister, sans se plaindre, ayant pour toute avoine l'air du temps, et pas une goutte d'eau pour rafraîchir le bois de ses lèvres desséchées.

Il laisse successivement sa queue, sa crinière, sa bride, sa selle, accrochées aux ronces du chemin ; ses oreilles se décollent et tombent, ses naseaux et ses boulets s'écornent, ses flancs se zèbrent de lamentables estafilades. Peu à peu, sous le double assaut des chocs du monde extérieur et des saccades de son impitoyable cavalier, le cheval de bois s'ébranle et craque jusque dans ses plus intimes profondeurs ; les assemblages gémissent, les chevilles se tordent en convulsions désespérées, la colle forte s'effrite dans les mortaises et, comme le cerf aux abois, la pauvre créature de sapin pleure par tous ses nœuds de grosses larmes de résine, jusqu'à ce qu'un jour une des pattes parte la première : le reste suit...

Le dada est mort. Il n'y a plus de dada. L'enfant met ses doigts à ses yeux et pleure.

Mais heureusement la mère est là : elle prend le petit dans ses bras, elle le baise, elle le console, et de sa voix de colombe, avec un regard tout velouté de promesses, elle lui murmure à l'oreille :

— Ne pleure pas, mon amour, je t'en donnerai un autre, plus beau, ce sera un dada neuf.

Hélas ! ne reconnaissez-vous pas là l'histoire de toutes nos illusions, de toutes nos espérances ? Heureux quand la Providence, touchée des pleurs du vieil enfant, le console en lui donnant un dada neuf. Mais elle n'en a pas pour tout le monde, et même quand elle nous en donne un autre, ce n'est plus notre vieux dada !

Le cheval de bois n'a pas d'organes, c'est vrai, mais loin de lui être un signe d'infériorité, ce détail, d'ailleurs sans importance, est au contraire une marque de noblesse : les misères de l'organisme ne sont pas faites pour lui.

Heureux, a-t-on dit, les peuples qui n'ont pas d'histoire : plus heureuse cent fois une race qui n'a pas d'anatomie.

D'ailleurs les ordures de la génération bestiale ne souillent point son berceau : il sort tout sellé et tout bridé des mains du sculpteur et du peintre qui lui ont donné la vie, et ce serviteur ailé de l'idéal fait son entrée dans le monde du même droit et du même air qu'une œuvre d'art, car il est à la fois tableau et statue.

Et si alors, nous plaçant au point de vue esthétique, nous analysons ses formes et ses traits, comment n'être pas saisis d'enthousiasme devant une créature si merveilleusement appropriée à sa destination ?

Tête, encolure, poitrine, dos, flancs, ventre, croupe et membres, tout y est à un point de ressemblance qui ne permet pas d'hésiter un instant à le reconnaître pour un cheval : mais de tous ces traits il n'en est pas un qui se puisse rapporter à une race chevaline connue, et le caractère en est si original qu'on ne peut davantage hésiter à reconnaître au premier coup d'œil qu'on est en présence d'un cheval de bois.

Et c'est là le miracle : c'est par-là que, dans cette créature tout intellectuelle et toute fantastique, il n'y a pas une ligne ou une surface qu'il ne faille rectifier par l'imagination et par la foi.

Il faut faire palpiter ces flancs secs et inertes, assouplir et articuler ces quatre pieux qui figurent les jambes, faire flotter au vent cette brosse, vain simulacre de crinière planté sur le morceau de bois qui représente l'encolure ; à ces naseaux, culs-de-sac à peine ébauchés d'un coup de tarière, il faut souffler l'haleine héroïque d'un Bucéphale ou d'un Pégase ; il faut allumer d'un éclair cet œil de bois, qui n'a pas plus de regard par lui-même qu'une boule de loto. Et alors, quand vous l'aurez tout embelli des grâces de vos rêves, tout enguirlandé des fleurs de vos désirs, tout illuminé des prestiges de votre imagination et des éblouissements de votre enthousiasme, alors le cheval de bois marchera et, vive Dieu ! si vous êtes bon cavalier il vous emportera à fond de train jusqu'au septième ciel !

Voilà pour le type. Maintenant, quant aux variétés du dada, elles sont innombrables, puisque pour les compter il faudrait compter le nombre des passions, des désirs, des caprices, des espérances, des illusions et des rêves, qui depuis le commencement du monde ont agité ou bercé le cœur humain.

Dans ces espèces si variées, comme c'est par-dessus tout l'idée qui domine, la forme devient un caractère presque insignifiant, jusqu'à disparaître tout à fait, comme dans certains dadas tels que l'amour, l'honneur, la foi, qui ne se montrent point au dehors du cœur où ils vivent, et que nul œil humain ne verra jamais. Depuis le dada de l'enfant, où le symbole équestre se spiritualise et s'effile au point de se réduire à un simple bâton enfourché entre les jambes, jusqu'au cheval pâle de l'Apocalypse, qui « a la Mort pour cavalier, et que l'enfer suit comme une meute, et qui a pouvoir sur la quatrième partie du globe pour tuer par l'épée, par la mort, par les bêtes de la terre » ; depuis le baudet qui porte le mendiant et ses poux jusqu'à l'âne qui porta Jésus-Christ entrant à Jérusalem, on peut suivre, sans en jamais voir la fin, le défilé de toutes les âmes qui ont traversé la vie avec leurs amours ou avec leur foi, chevauchant entre ciel et terre dans cette région indécise où la réalité se confond avec le rêve.

C'est là que nous vivons tous, car c'est là seulement que nous trouvons de l'air à boire, nous tous penseurs, artistes, savants, amoureux et même philosophes, et vous aussi, saints du ciel, anges de la terre ou héros des batailles ; c'est là, loin des fumiers du réalisme, loin des fanges de la démocratie, qu'emportés au galop enivrant de nos dadas, nous oublions les misères et les laideurs de la vie réelle pour ne songer qu'aux trésors et aux merveilles de l'idéal !

L'EXPOSITION DE CHIENS

Vous n'aviez pas besoin de demander où c'était ; il suffisait de passer dans le quartier : vous les entendiez qui appelaient le public.

C'est un des grands avantages de ces sortes d'exhibitions : on n'a pas besoin de tambour ni de grosse caisse pour attirer le monde : les exposés s'annoncent eux-mêmes, et à une demi-lieue à la ronde leurs voix glapissantes disent aux curieux qui les cherchent :

— C'est par ici !

Les chiens font tout bien.

Je marche dans la direction où m'appellent ces voix amies. Au détour d'une allée, j'aperçois un chalet suisse orné de drapeaux et de banderoles tricolores flottant au vent. A la bonne heure ! voilà du patriotisme.

Je lève les yeux, et sur une bande de calicot blanc je lis ces mots : EXPOSITION DE LA RACE CANINE ET FÉLINE. Encore mieux : c'est de la fraternité internationale et même interanimale. Je fais deux vers :

> Abjurant en ces lieux leurs haines séculaires,
> Les peuples sont unis, les chiens, les chats, sont frères !

J'entre. Deux honorables valets de chiens, brandissant

des trompes à la Dampierre, me régalent en duo d'un air de bravoure que je n'ai jamais entendu chanter par la Patti. J'hésite à saluer, ignorant si cette fanfare a pour objet de célébrer ma bienvenue, d'autant que je ne me souviens pas d'avoir rencontré ces messieurs dans le monde.

Un concert d'aboiements enthousiastes, partant de toutes les loges, me fait deviner que ce que je viens d'entendre doit être un fragment de quelque opéra cynégétique. Éloigné, par goût et par timidité, du monde des chenils, je m'explique pourquoi cette mélodie ne produit sur mon grand sympathique qu'un effet médiocre.

Convaincu que ce que je viens d'entendre n'est que de la musique de chiens, et sûr que mon incognito ne court aucun risque au milieu de cette brillante assemblée, je m'abandonne sans inquiétude à mes impressions.

Ici, comme à l'extérieur, le sens de l'ouïe est le premier qui soit frappé. C'est tout naturel puisque tous ces chiens aboient, mais c'est surtout très heureux pour le public et pour les exposés, parce que l'oreille est le chemin du cœur, et que les yeux, qui en sont les truchements, établiront entre eux plus aisément et plus vite ces affinités électives qui... font aller le commerce.

Un mot sur la salle. Devant le châlet, en plein air, beaucoup de messieurs et de dames en toilettes variées boivent des chopes et fument des pipes. A droite et parallèlement à la façade du chalet, une série de loges à deux étages qui se prolonge tout droit : à gauche, un plancher de chenil occupe le côté opposé. C'est simple et de bon goût : des planches de peuplier, du fil de fer et de la paille, et là-dedans de bons chiens qui ne demandent qu'à aimer le premier maître venu, ne voilà-t-il pas « une chaumière et son cœur » ?

Je me recueille un moment pour délibérer sur l'ordre à suivre dans mon examen ; quelques minutes de réflexion me font voir que le mieux est de commencer par le commencement, et c'est ce que je fais.

O Muse de la Société protectrice des animaux, inspire-moi, et donne à ma lyre des accents assez doux pour célébrer dignement les vertus et les grâces de ces aimables créatures qu'on appelle improprement des chiens !

Ému, je me penche vers la première cage à droite.

Horreur ! elle est remplie d'une douzaine d'affreux macaques !

La vue de ces demi-animaux m'inspire une aversion profonde et un respect filial. Ces deux sentiments, toutes les fois que j'aperçois un singe, se mettent à me tirailler le cœur en deux sens opposés, ce qui me cause une inexprimable angoisse.

L'évidence physionomique, confirmée d'ailleurs par la science, me dit que je dois les révérer comme des traînards de la race humaine primitive, attardés dans les herbes et dans les contre-courants de ce grand fleuve de vie qui s'appelle « les créations successives ». L'amour-propre, et la comparaison impartiale que je fais entre le hideux faciès du singe et l'aspect véritablement séduisant de ma propre personne, me hurlent avec rage que la seule allusion à une telle parenté est un outrage pour moi et pour les gracieuses personnes, en si grand nombre, qui journellement me comblent des témoignages empressés de leur bienveillance particulière, et toute ma modestie ne peut suffire à m'empêcher de me révolter contre une pareille tentative d'assimilation. Je proteste hautement, en définitive, contre cette théorie, et je profite de l'occasion pour protester aussi contre toutes les théories en général, parce qu'elles ne servent qu'à rendre les hommes malheureux.

Aussi mon premier mouvement est-il d'aller redemander mon argent. Je suis venu pour voir des chiens et des chats ; j'ai payé deux francs pour voir des chiens et des chats, que j'aime, et vous me faites voir des singes, que j'abhorre. J'aurais payé volontiers cinq francs pour ne pas voir ces vilaines bêtes : en bonne justice c'est donc sept francs que vous me devriez : ne me rendant que deux francs, vous en gagnez cinq ; mais je vous les laisse, parce que j'ai pour moi ma conscience. Et tout ce que je peux dire, c'est que je vous plains.

Mais je me calme, car il est de fait qu'outre les singes on me fait voir des chiens et des chats, et qu'un adversaire de mauvaise foi pourrait abuser de cet argument pour tromper la religion du tribunal appelé à connaître de ce procès.

Je dédaigne deux ou trois autres cages où des spécimens variés de la race macaque s'efforcent, à grand renfort de laides grimaces et de gambades ridicules, de surprendre au passage les faveurs du gros public. Moi je passe, leur marquant par ma contenance que je ne suis pas de ceux qui donnent là-dedans.

Mais au fond de la dernière cage j'aperçois un vieux mandrille à museau bleu-de-ciel. De ses yeux verts il me lance un regard méchant d'une intelligence extraordinaire. Il allonge le museau, grimace un sourire infernal, et tout en se grattant la fesse pour me narguer, il semble me dire :

— Tu auras beau faire, joli garçon, c'est nous qui sommes les ancêtres.

Enfin voilà les chiens.

Premier salon. Oui, un salon. Tout ce qu'on peut voir de distingué, de délicat, d'aristocratique. Une levrette gris-perle avec des reflets nacrés, les flancs roses, les pattes roses ; nerveuse, frémissante, courbant le cou comme un cygne, serrant pudiquement sa jolie petite queue sur sa croupe voluptueuse qu'elle pelotonne avec une coquetterie charmante. A peine pose-t-elle ses petits pieds : elle ne touche pas le sol, elle le caresse. Oh ! la ravissante jeune fille !

A côté d'elle un jeune griffon anglais, petit mais d'une distinction suprême. Non pas cette distinction banale que l'usage du monde donne comme un uniforme à quiconque est bien élevé et pas trop mal tourné : non, c'est l'air d'insolence et de grâce spirituelles de ces petits cavaliers blonds à taille de guêpe, à mains fines, à moustache hérissée, que les hommes détestent et dont les femmes raffolent parce qu'ils sont charmants. Ce griffon, avec ses yeux de feu et son petit nez noir campé sur le museau comme un défi, tourne et sautille autour de la belle levrette, mais avec quelle grâce, avec quel empressement et quelle discrétion tout à la fois ! Et comme il sait habilement mêler, aux tendres regards qu'il lui adresse, l'éclair d'un coup d'œil menaçant pour quiconque oserait se faire son rival ! Aussi voyez comme la petite princesse ondule et frémit sous ce regard magnétique : elle est électrisée, et ce n'est pas de l'électricité négative, je vous en réponds.

A côté d'eux, dans le même compartiment, deux amours de petits chiens « Papillons de Bohême ». La miniature d'un épagneul. De longues et fines soies marron clair, des oreilles et une queue traînant à terre, une tournure et une grâce parfaites, et gros comme des rats. C'est le mari et la femme ; beaucoup de décence, beaucoup d'égards entre eux : ils échangent, sans être embarrassés par la présence du public, de ces petites marques d'affection que les époux bien élevés se donnent pour rappeler à la compagnie qu'on ne doit pas les croire aussi indifférents qu'ils en ont l'air. C'est vraiment un joli couple, et si on n'en demandait pas trois cents francs, comme je serais heureux de leur offrir une chambre !

Cette charmante compagnie s'aperçoit bien vite du plaisir que j'éprouve à les regarder, et les voilà qui s'approchent du grillage, qui piétinent, frétillent, se mettent debout, et font mille petits jappements pour me témoigner leur sympathie. Alors je leur passe mes doigts à travers les mailles ; ils les mordillent, ils les lèchent, ils jouent avec. Ils sont jeunes. Je leur parle.

Savez-vous parler chien ? Il y a deux dialectes : le *chien*, pour les chiens qui ont l'âge de raison ; le *toutou*, pour les petits.

Voilà, pour vous en donner une idée, un échantillon de ma conversation. (C'est du toutou) :

— Oh ! quieu pôv petit mimi joli donc ! Ah ! mon guieu, mon guieu ! Que n'é donc beau, que n'é donc joli ! Voui, voui, voui, voui ! Oh ! la ! la ! n'aime donc le bon monsieur, l'aime donc bien, là ! Oh ! le bon monsieur va donner des bons gâteaux à ses petits chiens d'amour chéris mimis.....

— Ouapp ! ouapp ! ouapp !

— Oh ! les beaux mimis donc ! que n'est donc fâchés de ne pas biser le bon monsieur ! Que ne voudraient donc bien sortir pour manger des bonbons dans les poches du bon monsieur, voui, voui, voui, voui !

— Mouaoû ! mouaoû ! ouapp ! ouapp !

— Oh ! la la ! les bons petits chiens, qué malheur ! Ah ! mon guieu, mon guieu ! Kini chéris amours ! Oh ! la ! la ! suavité romanesque de mon cœur adoré ! Oh ! la la !

— Ouapp ! ouapp ! ouapp ! etc.

Et ainsi de suite.

Je leur envoie un petit geste d'adieu, et je passe à une autre loge.

Chien japonais. Ça, un chien ? Un bras d'homme velu obèse, et le poing fermé au bout, le tout rougi par le froid, voilà le corps et la tête de ce prétendu chien. Dites-moi que c'est un cervelas de Nangasaki, dites-moi que c'est un chien de faïence sur lequel l'artiste s'est assis par mégarde avant que la terre fût séchée, mais n'essayez pas de me faire croire que ce rouleau de viande qui souffle et grelotte sur un tas de paille ait le plus léger droit au titre de chien.

Un gros barbet noir, frisé comme un caniche, les bras nus, l'air honnête et hardi. Une tête de serrurier : c'est le maréchal-ferrant de la société. C'est lui qui pose les sonnettes aux terriers et qui ferre les chats. Il ne paraît pas avoir beaucoup d'ouvrage ; assis sur son derrière, il regarde à droite et à gauche et semble attendre la pratique.

Grand braque blanc aux yeux rouges, aux lèvres rouges : un lymphatique, sans physionomie et sans passions. Il me regarde avec une indifférence niaise. S'il ne me trouve pas curieux, qu'est-ce qu'il a besoin de me regarder comme ça ? Oh ! les insignifiants !...

A la bonne heure ! Voilà un bull noir comme la nuit. Accroupi dans un coin, il regarde fixement son public sans broncher non plus qu'un soldat sous les armes. Le nez en l'air, il montre une rangée de petites dents féroces qui brillent comme des perles au milieu de cette face aussi dramatique et aussi sombre que le cinquième acte d'une tragédie : Othello se préparant à donner à Desdémone la marque suprême de son amour.

Griffon d'arrêt. Le regard perçant, le poil retroussé : un air de crânerie et de prudence matoise. Une vraie tournure de braconnier.

Ah ! mon Dieu ! Qu'est-ce que c'est que ces trois bêtes-là ? Un corps gris-violet, avec une douzaine de débris de poils brûlés sur la peau nue, et avec cela la tête et le cou garnis d'un poil épais. L'un a la tête d'un griffon ; le second, d'un loup ; le troisième, d'un jeune sanglier. Et pourtant c'est la même espèce : chiens chinois. Je n'admets pas cela : il est évident que ces trois chiens ont été surpris par un incendie ; le cou et la tête, courant devant, ont échappé à l'action des flammes, et tout le reste du corps a eu le poil roussi. Ils sont encore sous l'émotion que leur a causée cette catastrophe, car ils ne cessent de regarder de tous côtés pour voir si les pompiers n'arrivent pas.

Nous avons donc bien du chagrin, mon pauvre Azor ? C'est à fendre l'âme ! Ouâ ! ouâ ! ouâ ! oû ! oû ! oû ! Il ne trouve pas que ça aille assez bien, et il se met tout debout, les pattes de devant appuyées sur le bord de sa boxe, le museau allongé verticalement. Excellente attitude pour donner un libre cours à sa douleur : l'effet est prodigieux, au point qu'un moment j'ai cru voir passer l'ut de poitrine de Tamberlick. C'est un jeune braque marron, un déclassé de la nature : des poumons de chien de meute dans un corps de chien d'arrêt. Et peut-être, avec cela, au moins si j'en juge par sa voix et son timbre, l'âme d'un ténor.

C'est ici le clan des épagneuls. Toujours les premiers en tout, en beauté comme en bonté, en raison comme en esprit. Ils comprennent l'affaire, ils savent pourquoi ils sont là : ce ne peut être que pour leur bien puisque c'est leur maître qui les a attachés dans cette cage. Aussi voyez comme ils sont calmes et souriants! En voilà même un qui a une distraction fort agréable : au fond de sa loge s'ouvre une grande fenêtre, et il regarde passer les voitures, les promeneurs, les cavaliers et les amazones, sur l'avenue du Bois de Boulogne. Notez que c'est un épagneul allemand; pour un étranger n'est-ce pas bien agréable? Et quand il aurait pris des voitures à l'heure tous les jours depuis un mois, aurait-il vu le quart de ce qu'il voit de sa fenêtre sans se déranger?

Crrrrac! crrrr! crrrrrac! crrrr! crrrrrac! Comment! un ara? Voilà qui bouleverse toutes mes idées en histoire naturelle. Je suis très sûr que l'ara ne fait pas partie de la race canine : mais quelque récente découverte l'aurait-il fait classer dans la grande tribu des félins? Dans la crainte de passer pour un imbécile, je m'abstiens prudemment de me renseigner sur ce point.

Au surplus cet ara est dépareillé. C'est un oiseau qui n'a de valeur que quand il est monté.

Cela se monte sur Circassienne. Avez-vous jamais vu le portrait d'un ara sans qu'il y ait une Circassienne dessous pour le porter ? Et même il est de règle que l'artiste doit toujours saisir le moment où la Circassienne se fait donner des baisers par l'ara, ce que je trouve agaçant au possible.

Non, ce grand volatile bariolé ne me tente pas. Il a toujours l'air de perdre l'équilibre sur son perchoir. Je ne comprends pas qu'il y ait des gens pour acheter une bête qui, pendant cinquante ans, va vous répéter continuellement : Crrrrac ! crrrr ! crrrrac ! crrrr ! crrrrac ! Moi j'en deviendrais fou.

Un monsieur très bien et un monsieur très mal qui causent avec animation devant une boxe où se tient, dans la pose de l'attention la plus vive, un jeune braque de belle espérance. Il regarde alternativement les deux interlocuteurs ; il grille d'envie de parler, il n'ose pas. Situation difficile pour un chien délicat comme lui : on négocie la cession de sa personne moyennant une juste et préalable indemnité. Il a bien envie d'être vendu, parce qu'il y gagnera la liberté et une position assurée : d'un autre côté il a des obligations au marchand, qui l'a très bien soigné dans sa maladie, et qui même, à ses moments perdus, lui cherche les puces. Faut-il prendre le parti de l'acheteur ou le parti du marchand ?

Ma foi ! il n'y tient plus, et le voilà qui jappe à l'un, aboie à l'autre, et fait si bien par ses bons offices que l'accord se fait et que le marché se conclut. Demain il entre en condition « chez un riche seigneur », autant que j'en puis juger par la tournure du monsieur très bien.

Oh ! les jolis petits toutous nouveau-nés ! Trois amours de bébés, patauds, roulants, trébuchants, miaulants, adorables ! C'est propre, c'est rose, c'est innocent, ça baigne dans l'auréole lumineuse qui argente les petites têtes d'enfants. Pauvres chéris ! Pouff ! les voilà qui tombent les uns sur les autres et qui dorment comme des petites souris.

L'enfance du chien, voyez-vous, c'est l'aurore d'un beau jour !

En voilà un qui fait une scène, et quelle scène ! Il tape du pied, il bondit, il s'élance contre le grillage, il jure, il sacre comme un païen. A-t-il l'air furieux ! J'essaye de lui parler. Ah bien oui ! il me répond des sottises. Quelle éducation, bon Dieu !

Et je vais bien vous étonner quand je vous dirai que c'est un caniche blanc. Oui, un Munito, un « Convoi du Pauvre », un chien d'aveugle : voilà où mènent les passions ! Et il est blanc comme neige, peigné et frisé comme un marquis. Mais il a des moustaches formidables, des sourcils en broussaille, et tout bien considéré, il a l'air d'un hetman des Cosaques du Don blanchi par les fatigues de la guerre et agacé par trente ans de rhumatismes militaires.

Tiens ! quel singulier animal ! Est-ce un chien ? Est-ce un chat ? Un dos carré, des barres transversales violettes sur fond blanc, pas de queue et, Dieu me pardonne, pas de tête. Je me penche pour mieux voir : c'est un panier ! Pourquoi ce panier est-il dans cette cage ? Mon premier mouvement est de m'informer. Mais non : il est de ces effets qu'il faut savoir laisser dans le clair-obscur d'une pénombre mystérieuse : ce panier inexpliqué fait bien dans la demi-teinte de l'incertitude. Quel dénouement est comparable à ces mots terribles : « On n'a jamais pu savoir » ?

Les petits chiens havanais. Non, les Havanaises. Un boudoir, deux boudoirs, l'un rose, l'autre bleu-de-ciel. C'est adorable, mais c'est révoltant. Les figures des femmes qui soignent ces créatures sont tout un poème : ouvreuses de petits théâtres, costumières, marchandes à la toilette, parfumeuses en chambre, un peu de tout cela : une espèce profondément équivoque et souverainement interlope. Et des sourires discrets, et de petits airs pudiques, et des soins affectés, et des manières, pour dorloter ces petites dames, pour arranger ce poil qui, comme un peignoir de mousseline transparente, voile à peine un corps rose et dodu. On les couche sur des édredons de soie, on leur met des nœuds de rubans cerise ou bleu-de-ciel.

Je me demande quelle est l'honnête femme qui voudrait introduire chez elle ces cocottes à quatre pattes !

Un hérisson ! Ah ! par exemple, je proteste. Que diable vient-il faire ici, celui-là ? Il n'en sait rien, et il cherche... A demi enfoui dans sa paille, il s'absorbe en des contemplations infinies, et il ne peut pas parvenir à s'expliquer par quelle série de circonstances il a été jeté au milieu de cette société aboyante et miaulante avec laquelle il n'a rien de commun. Je suis sûr qu'il voudrait bien s'en aller.

J'abrège ma station devant lui, parce que je redoute les puces ; et vous savez que le dos d'un hérisson est pour ces parasites un lieu de plaisance où personne ne peut les déranger, grâce aux piquants dont il est hérissé, de sorte qu'ils y pullulent au delà du vraisemblable.

Voici une loge pleine de petits ratiers anglais. Je m'approche : ô surprise ! du fond de la cage un chat s'élance vers moi, bousculant et écartant les chiens, et me tend la patte à travers le grillage, mais d'un air si loyal, si affectueux, que j'en suis tout ému. Je m'empresse de répondre par une étreinte cordiale à cette avance d'un cœur généreux. Il retourne sa patte comme pour me montrer qu'il a le cœur sur la main. Aimable bête ! je cause un instant avec lui, et je m'éloigne à regret, lui envoyant de la main un adieu auquel il répond par d'affectueux miaulements.

Voilà un chien fantaisiste ou je me trompe fort. Il a inventé une nouvelle manière de dormir. Il faut qu'il soit bien paresseux, et par conséquent bien intelligent, pour avoir trouvé ce procédé : afin de s'éviter la peine de relever sa tête quand il se réveillera, il a imaginé de fourrer son museau à travers une maille du grillage, et quoique le fil de fer lui coupe la mâchoire, il aime mieux rester là que de se déranger, et il dort malgré toutes les objections qu'on peut élever contre son système.

Après tout, comme on fait son lit on se couche, et

chacun prend son plaisir où il le trouve : peut-être que s'il pouvait m'expliquer son affaire il me prouverait qu'il a parfaitement raison et que c'est moi qui n'y entends rien.

Les lévriers. Ils sont deux, étendus au fond d'une boxe. On dirait des serpents. Je crois qu'ils ont la gueule fendue jusqu'aux épaules. Race superbe et trop calomniée : le lévrier de race pure est d'une haute intelligence.

Un officier de ma connaissance en avait un qui nous donnait la comédie. Il était douillet comme un petit enfant, et si par malheur il se cognait la patte, il venait à son maître à cloche-pied, en poussant des hurlements de désespoir. Le maître prenait gravement la partie blessée, soufflait dessus, et disait au chien :

— Allons ! c'est passé !

Et à l'instant le lévrier se mettait à gambader pour célébrer cette guérison miraculeuse.

Vaniteux comme un dindon, infidèle, sec de cœur, bon à rien, et au demeurant mal tourné, tel est le chien danois. Cette race tend à disparaître sous l'action du mépris public et c'est justice. Le danois est en effet le chien déplaisant par excellence, et toutes ses prétentions ne l'empêchent pas d'avoir la plus pitoyable dégaîne. Parce que la nature lui a mis du noir sur du blanc en quantité, il s'imagine que tout est dit et qu'il n'a qu'à se montrer.

Mais son sot amour-propre est quelquefois mis à de

cruelles épreuves, et j'ai assisté pour ma part à une rude leçon qu'un terre-neuve de mes amis donna devant moi à un de ces freluquets qui s'était permis de l'agacer outre mesure.

C'était à Soisy-sous-Étioles, au bord de la Seine : j'avais rencontré le terre-neuve des messieurs Galignani, et je m'amusais à le faire plonger pour aller chercher des cailloux au fond de la rivière. C'était merveille de voir la noble bête, et j'en étais à regretter qu'il n'y eût pas là quelqu'un pour tomber à l'eau et se faire sauver, lorsque vint à passer un danois que je connaissais de vue pour l'avoir rencontré dans le monde. Il commença par regarder d'un air assez méprisant les exercices du beau plongeur ; puis, ayant levé une patte de derrière en signe de mépris, il vint se camper devant moi en levant le nez d'un air insolent, comme pour me dire :

— Est-ce que je ne suis pas plus beau que ce gros amphibie ?

Je haussai les épaules et je continuai à faire ma partie avec le terre-neuve. Ce que voyant, voilà le danois qui se vexe, entre en rage, et courant de droite et de gauche le long du bord, se met à aboyer contre le terre-neuve et à lui dire mille injures. Mais tout se bornait à des cris, car sitôt qu'il sentait l'eau il reculait, parce qu'il en avait une peur affreuse.

Le terre-neuve ne disait rien, mais il le regardait d'un air calme et malin. Il fit deux ou trois tours du rivage à la rivière, et le danois continuait toujours à l'injurier.

Alors, sans se presser, sans se fâcher, le terre-neuve s'avance sur l'insolent, le maintient entre ses deux pattes de devant, et l'entraînant malgré ses efforts et ses cris désespérés, l'emmène jusqu'à dix pas du bord, lui fait prendre un bon bain rafraîchissant, et puis, quand il a jugé que la leçon est suffisante, se retourne vers le rivage, écarte les pattes, et lâche le danois, qui se sauve comme si le diable l'emportait.

Voilà ce que j'ai vu de mes yeux, et vous comprenez qu'entre ce danois qui est à ma droite et ces deux terre-neuve qui sont à ma gauche, mes sympathies me fassent aller du côté du cœur.

Les belles bêtes ! Comme ils ont l'air riche et distingué ! Quelle dignité sereine et quel air obligeant et serviable !

Il y a donc, parmi les animaux comme parmi les hommes, des gens qui naissent prédestinés à ceci ou à cela ? O mystère du libre arbitre ! que deviens-tu lorsque je vois, réunis côte à côte, ce boule-dogue organisé par la nature pour étrangler quiconque regardera son maître de travers, et ce terre-neuve destiné de toute éternité à retirer imperturbablement de l'eau toute créature vivante qu'il y verra barboter ?

Quelle mission providentielle ! Naître sauveteur, sans même avoir besoin d'apprendre à nager !

Et pourtant il me semble qu'ils doivent s'ennuyer quelquefois : car enfin lorsqu'ils n'ont personne à tirer de l'eau, à quoi passent-ils leur temps ? Hélas ! mon Dieu ! peut-être à regretter qu'on se noie si peu.

Voilà l'inconvénient des professions humanitaires et charitables : supprimez la guerre, la maladie, la misère, la débauche, le suicide par submersion, et vous n'avez plus ni guerriers, ni médecins, ni bureaux de bienfaisance, ni orphelinats de jeunes filles, ni terre-neuve...

Serait-il donc vrai que le bien et le mal ne soient qu'une même étoffe dont le mal est l'endroit et dont la vertu est l'envers ? Grand Dieu ! écartons cette hypothèse désolante et n'y pensons plus.

Non, ne faisons pas injure à ces sauveteurs chevaleresques : ils savent attendre le moment, et patienter en attendant. Car ils n'ont pas la ressource, comme certains sauveteurs du canal Saint-Martin, de s'entre-jeter à l'eau et de s'entre-sauver pour partager la prime que l'administration ne refuse jamais à quiconque a piqué une tête pour sauver son semblable.

Mais, par exemple, une fois à l'eau, toute créature humaine leur appartient, et s'il y a un terre-neuve à un kilomètre à la ronde, il est inutile d'essayer de vous baigner à la rivière : autant de fois vous entrerez dans l'eau, autant de fois le terre-neuve se précipitera, vous sauvera malgré vous.

Un jour, à l'école de natation du Pont-Royal, un monsieur avait amené son terre-neuve. Il y avait un monde fou, et dans l'eau verte du petit bassin grouillaient cinq ou six pensions de petits gamins maigrichons comme on n'en voit qu'à Paris. Tout cela barbotait, piaillait, patouillait, pleurnichait, si bien qu'avec les emplâtres de l'Hôtel-Dieu et les chiens noyés qui défilaient par douzaines, on pouvait dire qu'il y avait moins d'eau que d'ordures. L'égout collecteur n'existait pas dans ce temps-là ; je vous parle d'il y a longtemps.

Le terre-neuve entre, voit cela. Un frémissement généreux le saisit. Jamais il n'avait vu tant de monde à sauver ! Il saute à l'eau, happe le premier moutard venu par le fond du caleçon, et grimpant l'échelle, le dépose sur le paillasson. Pouff ! il ressaute à l'eau, prend un second moutard, le dépose à côté de l'autre, et continue ainsi jusqu'à une douzaine.

La terreur était partout ; tous les gamins grimpaient à l'échelle, s'accrochaient aux treillages : le sauveteur continuait son service avec un enthousiasme impossible à décrire.

Enfin son maître, qui nageait dans le grand bassin, s'aperçoit de ce qui se passe, et du milieu de l'eau il appelle son chien. Celui-ci a compris : il court à la cabine où son maître s'est déshabillé, prend dans sa gueule les vêtements et les chaussures, et se mettant doucement à la nage pour ne pas chiffonner les effets qu'il porte, vient les offrir au nageur.

Le zèle donne quelquefois lieu à de regrettables malentendus.

Voilà donc ce qu'on appelle des carlins ? Race éteinte, disait-on : ce vilain couple-là ne m'a pourtant pas l'air de vouloir mourir. Quel air de suffisance grognonne ! Ils ressemblent à ces vieux marquis goutteux qui passent leur vie à grommeler des méchancetés contre les hommes et les choses du temps, et qui s'encapuchonnent de parti-pris dans leur humeur massacrante. Avec leur museau camus, s'il y avait des blancs parmi les chiens, ils en seraient les nègres : voilà-t-il pas là de quoi faire les aristocrates ?

Que dire des boule-dogues ? Je n'en pense aucun bien. Mordre, remordre, ne vouloir jamais démordre, franchement, est-ce une vie ? Aussi qui a vu un boule-dogue les a tous vus : ils font toujours la même chose. Quand je vois ces mufles insolents et grossiers, prêts à me happer le... siège, je suis toujours tenté de leur dire, comme Béralde à M. Fleurant :

— Allez, monsieur, on voit bien que vous n'avez pas accoutumé de parler à des visages !

Un salut amical au chien de berger hollandais, bien calme, bien patient, et dont la pose tranquille fait rêver aux placides paysages de Paul Potter, et je m'arrête avec respect devant un chien vraiment monumental, le griffon de Suède.

Celui-là, c'est le plus beau. Il a vraiment une tête de druide. Il respire la sagesse et il inspire la vénération.

Je crois devoir lui offrir l'expression de ma respectueuse sympathie.

— Ho ! ho ! la, la, la... Oui, oui, le bon gros chien bon enfant. N'a de l'esprit, la grosse bête, oui ! N'est un joli dieu marin des forêts de la Dalécarlie, donc ? N'est donc bien content qu'on le caresse? Tu es un honnête homme, toi. Oh! que nous avons donc la belle langue rose et des belles moustaches de Scandinavie, mon bon vieux!

Il me regarde avec une expression rêveuse et tendre. Il voudrait bien me répondre, mais il ne sait pas parler français.

— Pchtt!!!

Il éternue, la bonne bête.

— Dieu te bénisse et te ramène dans ta patrie, mon beau Suédois!

Ici finit l'exposition anglaise de la race canine et féline.

Eh bien, au milieu de ces princes et de ces grands seigneurs de la race canine, au milieu de cette foule orgueilleuse et séduisante, bichonnée, enrubannée, ornée de colliers et de grelots; parmi tous ces heureux de la terre que les riches vont se disputer tout à l'heure pour les conduire en grand équipage sous les lambris dorés de l'opulence, savez-vous quel est celui que je voudrais avoir?

Ce n'est ni le papillon de Bohême, ni le petit griffon anglais, ni le japonais, ni l'épagneul allemand; je ne veux pas du lévrier, je ne veux pas du terre-neuve; je refuse le chien hollandais, et je me détourne même du griffon de Suède.

Celui que je veux, c'est ce pauvre petit chien noir, maigre, pelé, qui se rencogne au fond de sa loge, les pattes serrées, la queue entre les jambes, la tête basse, et qui, sans dire mot, me lance de côté un regard triste et sauvage.

Celui-là m'aimerait : c'est à lui que mon cœur est allé.

FIN.

TABLE

PRÉFACE...	I
LE BARBET..	1
LE BŒUF..	11
LE MARABOU.......................................	16
LA COLOMBE.......................................	24
LA COURSE DE TAUREAUX............................	30
LE CRAPAUD.......................................	41
LES MOUTONS DE PANURGE...........................	52
LE PARESSEUX.....................................	59
LE GRILLON.......................................	65
SPHINX...	70
PÉGASE...	85
ROSSINANTE.......................................	93
L'ABATTOIR.......................................	100
LA DINDE TRUFFÉE.................................	111
SAINT FRANÇOIS D'ASSISE..........................	122
LA GAVEUSE.......................................	143
L'ARAIGNÉE.......................................	151
LE ROSSIGNOL.....................................	171

LE COCHON	176
LA SAINT ROCH	182
L'ANE DE BURIDAN	190
MÉRA	200
MON PAUVRE CHIEN	213
LA BÊTE NOIRE	216
L'IBIS SACRÉ	222
LE CHEVAL	231
LE DADA	244
L'EXPOSITION DE CHIENS	253

Achevé d'imprimer pour la première fois, le 14 Mai MDCCCLXXXI, à Fontenay-le-Comte, par Auguste Baud, gendre et successeur de Pierre Robuchon.

www.ingramcontent.com/pod-product-compliance
Lightning Source LLC
Chambersburg PA
CBHW070748170426
43200CB00007B/690